W0289864

REDLINE WIRTSCHAFT

Christian Marek
Irene Witz

Buchhaltung macht Spaß!

Alles über Steuern und Abgaben für Einnahmen-Ausgaben-Rechner

REDLINE WIRTSCHAFT

Christian Marek / Irene Witz
Buchhaltung macht Spaß
Alles über Steuern und Abgaben für Einnahmen-Ausgaben-Rechner
Frankfurt: Redline Wirtschaft, 2004
ISBN 3-636-01058-1

Unsere Web-Adresse:
http://www.redline-wirtschaft.de

Haftungsausschluss
Dieses Werk wurde unter größtmöglicher Sorgfalt und auf Basis der zur Zeit der Abfassung gültigen Gesetze verfasst, es ersetzt aber nicht die qualifizierte Beratung durch dazu befugte Fachleute. Alle Angaben erfolgen ohne Gewähr, eine Haftung von Verlag und Autoren ist ausgeschlossen.

Alle Rechte, insbesondere das Recht der Vervielfältigung und Verbreitung sowie der Übersetzung, vorbehalten. Kein Teil des Werkes darf in irgendeiner Form (durch Fotokopie, Mikrofilm oder ein anderes Verfahren) ohne schriftliche Genehmigung des Verlages reproduziert oder unter Verwendung elektronischer Systeme gespeichert, verarbeitet, vervielfältigt oder verbreitet werden.

Umschlag: INIT, Büro für Gestaltung, Bielefeld
Copyright © 2004 by Redline Wirtschaft, Redline GmbH, Frankfurt/M.
Ein Unternehmen der Süddeutscher Verlag Hüthig Fachinformationen
Satz: Beate Soltész, Wien
Druck: Himmer, Augsburg
Printed in Germany

Inhalt

Vorwort

Die Buchhaltung ist für viele Gründerinnen und Gründer, aber auch für Unternehmerinnen und Unternehmer, die schon jahrelang aktiv sind, ein Bereich, in dem viele Unsicherheiten herrschen und viele Fragen entstehen. Umsatz, Gewinn, Vorsteuer, Umsatzsteuer, Einkommensteuer, Abschreibung, Absetzbeträge, Vorauszahlung ... Begriffe, die so manches Abschreckungspotenzial bergen, sich näher mit der Materie zu befassen. Das Sammeln der Belege wächst sich zur „Zettelwirtschaft“ aus, der Termin der Steuererklärung wird gerne hinausgeschoben, die unsicheren Gefühle ziehen sich durch und verlassen einen auch nicht, wenn man dann den Steuerbescheid in Händen hält.
In Erstgesprächen und bei Beratungen stellen wir oft fest, dass zum Zeitpunkt der ersten Kontaktaufnahme mit uns schon einiges an „Reparaturbedarf“ aufgelaufen ist. Verschleppte Steuererklärungen, versäumte Fristen und insgesamt eine schlecht aufbereitete Belegsammlung sind die „Klassiker“, denen wir immer wieder begegnen. Angesichts dieser Ausgangssituation erscheint es mutig, ein Buch zu steuerlichen und buchhalterischen Belangen mit dem Titel „Buchhaltung macht Spaß“ zu versehen. Wir tun dies aber aus vollster Überzeugung, denn was uns in der Zusammenarbeit mit unseren Klientinnen und Klienten immer wieder fasziniert: Sobald sie die Grundprinzipien der Einnahmen-Ausgaben-Rechnung verstanden haben und erkennen, welche Informationen für ihr unternehmerisches Dasein gut geführte Aufzeichnungen bieten, steigt die Bereitschaft, Ordnung in die Sache zu bringen, Fragen zu stellen und sich konstruktiv mit diesem doch sehr unternehmenskritischen Bereich auseinander zu setzen.
Was lag also näher, diese Grundlagen in einem leicht verständlichen und auf die Kernthemen der Einnahmen-Ausgaben-Rechnung konzentrierten Buch zusammenzufassen, um den Menschen den Zugang zum Thema „Buchhaltung“ zu erleichtern und der einen oder dem anderen sogar so etwas wie Spaß und Freude an der „Zettelwirtschaft“ und dem Jonglieren von Ziffern und Zahlen zu vermitteln?
Nach dem Motto „Die positive Einstellung ist schon die halbe Steuererklärung“ haben wir „Buchhaltung macht Spaß“ verfasst. Für die Zielgruppe der „Einzelkämpferinnen“ und „Einzelkämpfer“, der Junggrün-

derinnen und -gründer jeglicher Altersgruppe, aber auch für diejenigen, die sich schon länger mit der Materie beschäftigen (müssen). Wir stellen Ihnen damit eine Einführung in die Buchhaltung für Einnahmen-Ausgaben-Rechner zur Verfügung, die Sie in kompakter Form in die Grundprinzipien und wichtigsten Abläufe einweist.
Die uns aufgrund der Beratungspraxis wichtig erscheinenden Aspekte haben wir näher behandelt, andere nur gestreift. Unser Anliegen ist es, Sie auf das breite Spektrum an Themen aufmerksam zu machen, die Bestandteil der Einnahmen-Ausgaben-Rechnung sind. Fachliche Beratung kann dieses Buch allerdings nicht ersetzen. Wo Sie weiteren Beratungsbedarf haben und wo Sie die Unterstützung durch Fachleute brauchen, werden Sie jedoch bei der Lektüre leicht erkennen. Die von uns dargestellten Grundlagen werden Ihnen die Kommunikation mit Fachleuten und Ämtern erleichtern.

Wir wünschen Ihnen eine erkenntnisreiche Lektüre und: Viel Spaß bei Ihrer Buchhaltung!

Wien und Maria Enzersdorf im Juli 2004

Christian Marek
Wirtschaftstreuhänder – Steuerberater
in Maria Enzersdorf und Wien

Irene Witz
gewerbliche Buchhalterin in Wien

Einleitung: Buchhaltung macht Spaß?

Längere Zeit hatte sich Susanna mit dem Wunsch getragen, sich selbstständig zu machen. Sie hatte ihre Geschäftsidee von allen Seiten abgeklopft, hatte Gespräche mit Unternehmerinnen und Unternehmern in ihrem Freundes- und Bekanntenkreis geführt, Literatur für Gründer gelesen, Seminare besucht und sich beraten lassen.
Am Ende dieser Zeit der „Prüfung" stand der Entschluss, ihre Idee in die Realität umzusetzen – und der Geschäftsplan als Basis für die ersten drei Jahre ihrer Selbstständigkeit war fertiggestellt.
In ihrem Geschäftsplan hatte sie ihre Geschäftsidee ausgeführt, die Marktsituation dargestellt, die Prognosen für die Zukunft in Worten und Zahlen festgehalten und ihre Strategie zur Umsetzung dieser Prognosen niedergeschrieben.
Die ersten Schritte in die Selbstständigkeit konnte Susanna gleich mit einigen schönen Aufträgen tätigen – ein Start, wie sie ihn sich besser gar nicht wünschen konnte. Nun galt es, die Vision mit der Wirklichkeit in Einklang zu bringen und zu beobachten, ob ihre Pläne aufgingen.

Die Einnahmen-Ausgaben-Rechnung ist die einfachste Form der Buchhaltung. Die Grundlagen sind einfach zu erlernen. Doch hindert viele Menschen ein gewisser Widerstand gegenüber Zahlen und dem Ordnen von Belegen daran, sich intensiver damit zu befassen.
Dabei ist die Einnahmen-Ausgaben-Rechnung das Instrument zur Ermittlung des Ergebnisses und somit ein Abbild der unternehmerischen Tätigkeit. Die Informationen, die die Einnahmen-Ausgaben-Rechnung bei laufender Aufzeichnung liefert, sind nicht nur für die Berechnung der Steuerlast von Interesse, sondern zeigen den Unternehmenserfolg insgesamt an. Es lohnt sich also in mehrfacher Hinsicht, sich mit der Einnahmen-Ausgaben-Rechnung auseinander zu setzen. Rasch ist zu erkennen, dass die Buchhaltung ein Spiegelbild der unternehmerischen Tätigkeit ist – warum dann also nicht das Ganze mit positiver Einstellung angehen?

Warum ist eine ordentlich geführte Einnahmen-Ausgaben-Rechnung wichtig?

- Das Führen von Aufzeichnungen über Einnahmen und Ausgaben ist vom Gesetzgeber vorgeschrieben.
- Der Aufwand bei der jährlichen Steuererklärung wird geringer, wenn regelmäßige Aufzeichnungen geführt werden.

- Wer monatlich oder quartalsweise eine Umsatzsteuervoranmeldung tätigen muss, erleichtert sich dies mit regelmäßigen Aufzeichnungen.
- Der Überblick über Einnahmen und Ausgaben liefert wichtige Informationen über die Ergebnisse der Geschäftstätigkeit.
- Die Kommunikation mit Banken, Förderstellen und dem Finanzamt wird einfacher, wenn Sie über Ihre Zahlen Bescheid wissen.
- Sie können Ausgaben und Anschaffungen sinnvoll planen und die finanzielle Machbarkeit richtig einschätzen.
- Die Aufzeichnungen helfen Ihnen bei der kontinuierlichen Überprüfung von Deckungsbeiträgen, Stundensätzen und Honoraren.
- Zahlungsunfähigkeit und in der Folge Insolvenz sind oft mit schlecht – oder gar nicht! – geführten Aufzeichnungen verbunden.

Alles, was Sie wissen müssen, um Ihre Einnahmen-Ausgaben-Rechnung, die Umsatzsteuervoranmeldung sowie die Einkommensteuererklärung und die Umsatzsteuererklärung selbst zu machen, erfahren Sie in diesem Buch. Auch wenn Sie Ihre Belege für die Weiterbearbeitung durch einen Steuerberater oder einen selbstständigen bzw. gewerblichen Buchhalter vorbereiten, erhalten Sie viele wertvolle Anregungen, wie Sie Ihre Unterlagen zusammenstellen und wie Sie die Informationen, die Sie aus der Einnahmen-Ausgaben-Rechnung ablesen können, im Rahmen Ihrer Tätigkeit sinnvoll verwerten können.

Wie erfährt das Finanzamt von Ihrer unternehmerischen Existenz?

Zum unternehmerischen Dasein gehört auch die Kommunikation mit dem Finanzamt. Der erste Kontakt von Gründerinnen und Gründern mit dem Finanzamt ist meist der Antrag auf Vergabe einer Steuernummer. Dazu ist ein Fragebogen (Formular *Verf24*) auszufüllen, den Sie entweder vom Finanzamt zugeschickt bekommen oder den Sie auf der Website des Finanzministeriums (www.bmf.gv.at) ausfüllen und ausdrucken können.
Nicht nur das Finanzamt ist über Ihre unternehmerische Tätigkeit zu informieren. Auch die Sozialversicherung der gewerblichen Wirtschaft (SVA – www.sva.or.at) verlangt Daten, Umsatz- und Gewinneinschätzungen, wonach dann die Beiträge der Sozialversicherung bemessen werden (Formular *Versicherungserklärung*, www.sva.or.at – Online-Services – Formulare – Formularübersicht).

Formulare mit Bedacht ausfüllen

Im Fragebogen des Finanzamts und in der Versicherungserklärung der Sozialversicherung sind unter anderem Angaben zum erwarteten Gewinn oder Verlust zu machen. Dieser Betrag ist mit Bedacht zu wählen: Unüberlegt angesetzte Prognosen führen unter Umständen zu einer

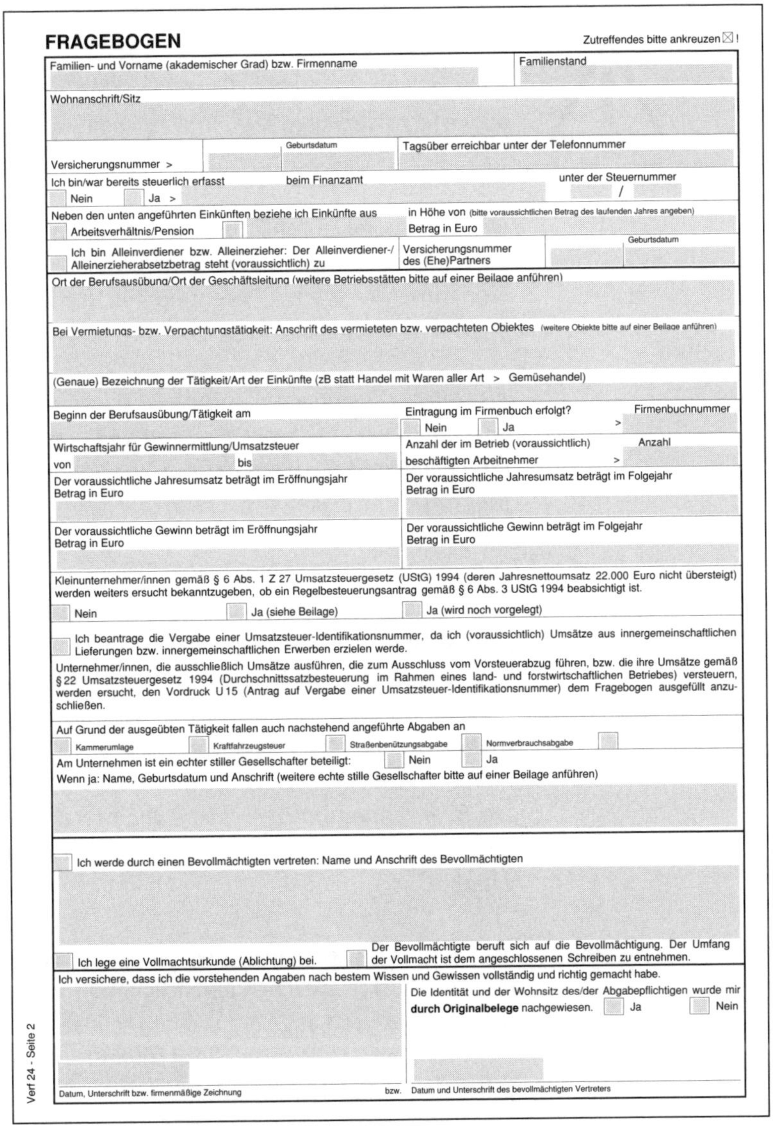

FRAGEBOGEN

Zutreffendes bitte ankreuzen ☒!

Familien- und Vorname (akademischer Grad) bzw. Firmenname | Familienstand

Wohnanschrift/Sitz

Versicherungsnummer > | Geburtsdatum | Tagsüber erreichbar unter der Telefonnummer

Ich bin/war bereits steuerlich erfasst ☐ Nein ☐ Ja > beim Finanzamt | unter der Steuernummer /

Neben den unten angeführten Einkünften beziehe ich Einkünfte aus ☐ Arbeitsverhältnis/Pension ☐ | in Höhe von (bitte voraussichtlichen Betrag des laufenden Jahres angeben) Betrag in Euro

☐ Ich bin Alleinverdiener bzw. Alleinerzieher: Der Alleinverdiener-/Alleinerzieherabsetzbetrag steht (voraussichtlich) zu | Versicherungsnummer des (Ehe)Partners | Geburtsdatum

Ort der Berufsausübung/Ort der Geschäftsleitung (weitere Betriebsstätten bitte auf einer Beilage anführen)

Bei Vermietungs- bzw. Verpachtungstätigkeit: Anschrift des vermieteten bzw. verpachteten Objektes (weitere Objekte bitte auf einer Beilage anführen)

(Genaue) Bezeichnung der Tätigkeit/Art der Einkünfte (zB statt Handel mit Waren aller Art > Gemüsehandel)

Beginn der Berufsausübung/Tätigkeit am | Eintragung im Firmenbuch erfolgt? ☐ Nein ☐ Ja > | Firmenbuchnummer

Wirtschaftsjahr für Gewinnermittlung/Umsatzsteuer von bis | Anzahl der im Betrieb (voraussichtlich) beschäftigten Arbeitnehmer > | Anzahl

Der voraussichtliche Jahresumsatz beträgt im Eröffnungsjahr Betrag in Euro | Der voraussichtliche Jahresumsatz beträgt im Folgejahr Betrag in Euro

Der voraussichtliche Gewinn beträgt im Eröffnungsjahr Betrag in Euro | Der voraussichtliche Gewinn beträgt im Folgejahr Betrag in Euro

Kleinunternehmer/innen gemäß § 6 Abs. 1 Z 27 Umsatzsteuergesetz (UStG) 1994 (deren Jahresnettoumsatz 22.000 Euro nicht übersteigt) werden weiters ersucht bekanntzugeben, ob ein Regelbesteuerungsantrag gemäß § 6 Abs. 3 UStG 1994 beabsichtigt ist.
☐ Nein ☐ Ja (siehe Beilage) ☐ Ja (wird noch vorgelegt)

☐ Ich beantrage die Vergabe einer Umsatzsteuer-Identifikationsnummer, da ich (voraussichtlich) Umsätze aus innergemeinschaftlichen Lieferungen bzw. innergemeinschaftlichen Erwerben erzielen werde.
Unternehmer/innen, die ausschließlich Umsätze ausführen, die zum Ausschluss vom Vorsteuerabzug führen, bzw. die ihre Umsätze gemäß § 22 Umsatzsteuergesetz 1994 (Durchschnittssatzbesteuerung im Rahmen eines land- und forstwirtschaftlichen Betriebes) versteuern, werden ersucht, den Vordruck U 15 (Antrag auf Vergabe einer Umsatzsteuer-Identifikationsnummer) dem Fragebogen ausgefüllt anzuschließen.

Auf Grund der ausgeübten Tätigkeit fallen auch nachstehend angeführte Abgaben an
☐ Kammerumlage ☐ Kraftfahrzeugsteuer ☐ Straßenbenützungsabgabe ☐ Normverbrauchsabgabe ☐
Am Unternehmen ist ein echter stiller Gesellschafter beteiligt: ☐ Nein ☐ Ja
Wenn ja: Name, Geburtsdatum und Anschrift (weitere echte stille Gesellschafter bitte auf einer Beilage anführen)

☐ Ich werde durch einen Bevollmächtigten vertreten: Name und Anschrift des Bevollmächtigten

☐ Ich lege eine Vollmachtsurkunde (Ablichtung) bei. ☐ Der Bevollmächtigte beruft sich auf die Bevollmächtigung. Der Umfang der Vollmacht ist dem angeschlossenen Schreiben zu entnehmen.

Ich versichere, dass ich die vorstehenden Angaben nach bestem Wissen und Gewissen vollständig und richtig gemacht habe.
Die Identität und der Wohnsitz des/der Abgabepflichtigen wurde mir **durch Originalbelege** nachgewiesen. ☐ Ja ☐ Nein

Datum, Unterschrift bzw. firmenmäßige Zeichnung bzw. Datum und Unterschrift des bevollmächtigten Vertreters

Verf 24 - Seite 2

Abbildung Verf24 – Fragebogen Finanzamt
www.bmf.gv.at/service/formulare/steuern/

überhöhten oder zu niedrigen Einstufung für Steuervorauszahlungen oder die Beiträge zur Sozialversicherung. Zu hohe Vorauszahlungen wirken sich auf die Liquidität nachteilig aus, auch wenn Sie die zu viel bezahlten Beträge später wieder gutgeschrieben erhalten. Und zu geringe Vorauszahlungen führen zu hohen Nachzahlungen, die, falls keine ausreichenden Liquiditätsreserven vorhanden sind, sehr belastend sein können.

> Als Faustformel empfehlen wir, 50 % Ihres Gewinnes für Abgaben zur Seite zu legen, damit Sie die Nachzahlungen an Einkommensteuer sowie Sozialversicherung problemlos begleichen können.

Die realistische Einschätzung von Umsatz und Gewinn ist also schon bei Beginn der unternehmerischen Tätigkeit ein wichtiger Faktor. Die Einnahmen-Ausgaben-Rechnung hilft, die Schätzungen auch regelmäßig mit dem wirklichen Erreichten zu vergleichen.

Als Unternehmerin war Susanna Einzelkämpferin. Bald stellte sie fest, dass damit verschiedene Rollen verbunden sind: Als Ansprechpartnerin ihrer Kunden ist sie Geschäftsfrau, als Organisatorin ihres beruflichen Alltags ist sie ihre eigene Assistentin und Sekretärin – und dann waren auch ihre familiären Aufgaben mit ihrer neuen beruflichen Situation in Einklang bringen.
Rasch erkannte sie: Sie musste ihre Selbstorganisation verbessern. Trotz der ausführlichen Beratungen und der vielen Stunden, die sie mit der Lektüre von Literatur für Existenzgründer und in Gründerseminaren verbracht hatte, stellte sie fest, dass einige ihrer Aufgaben in der Realität mehr Aufmerksamkeit in Anspruch nehmen würden, als sie vorher geschätzt hatte. Nach kurzer Zeit stapelten sich Projektunterlagen, Ausdrucke, Besprechungsnotizen, eigene und fremde Rechnungen ... Papier über Papier, und alles enthielt wesentliche Informationen zu ihrer Geschäftstätigkeit.

Die Ablage organisieren

Mit einem durchdachten Ablagesystem sparen Sie Zeit und behalten den Überblick. Neben den eigentlichen Arbeitsunterlagen, die natürlich entsprechend abgelegt werden müssen, gibt es eine Menge Papiere, Daten und Dokumente. Diese sollten systematisch und möglichst griffbereit aufbewahrt werden:
Ein Ordner dient zum Sammeln der Belege, Buchungsmitteilungen des Finanzamtes, Umsatzsteuervoranmeldungen (UVA). In einem weiteren Ordner sollten alle weiteren Unterlagen im Zusammenhang mit dem Finanzamt wie

- Kopien der Steuererklärungen,
- Kopien der Einnahmen-Ausgaben-Rechnung,
- Bescheide,
- Korrespondenz

einsortiert werden.

In einen oder mehrere weitere Ordner kommen

- Unterlagen zur eigenen Pflichtversicherung (Sozialversicherung),
- Unterlagen zu allen weiteren Versicherungen,
- Unterlagen der Bank (Kreditverträge etc.),
- Behördenkorrespondenz,
- Gewerbeschein(e),
- Mietverträge, Leasingverträge,
- Vereinbarungen mit Mitarbeiterinnen und Mitarbeitern,
- usw.

Beschriften Sie die Ordnerrücken sinnvoll und gut leserlich. Ob Sie Ordner in bestimmten Farben verwenden, wird sich an Ihren persönlichen Vorlieben orientieren. In der Praxis bewähren sich Farbcodierungen dann, wenn sie konsequent durch das gesamte Ablagesystem durchgezogen werden: Der Inhalt aus dem roten Briefkorb gehört in den roten Ordner. Der Inhalt aus der blau markierten Hängeregistermappe wird im blauen Ordner abgelegt ... Es gibt verschiedene Systeme, die alle ihre Vor- und Nachteile haben. Die Hauptsache ist jedoch, dass das System Ihnen hilft, Ordnung zu halten.
Legen Sie die Belege und Unterlagen möglichst täglich in die jeweiligen Ordner ab – Sie werden sehen, es erhöht Ihre Arbeits- und Ihre Lebensqualität, denn Sie sparen Zeit und erleichtern sich das Wiederfinden von Informationen.

Der Faktor Zeitplanung

Das geeignete Ablagesystem einzurichten ist der erste Schritt. Doch das beste System nützt wenig, wenn man sich nicht die Zeit nimmt, es zu führen. Daher ist es wichtig, ausreichend Zeit für die regelmäßige Aufarbeitung der Unterlagen zu reservieren. Diese Tätigkeit ist keine lästige Nebensächlichkeit, sondern eine für das Unternehmen überlebenswichtige Maßnahme.
Ein wichtiger Bestandteil dieser Maßnahmen ist die regelmäßige und zeitgerechte Erfassung von Einnahmen und Ausgaben. Legen Sie dafür fixe Zeiten fest und vermerken Sie diese in Ihrem Kalender. Beobachten Sie, wie lang Sie für diese Tätigkeiten brauchen, und notieren Sie die Zeit. So bekommen Sie auch ein Gefühl dafür, wie viel Administrationszeit Sie im Rahmen Ihrer unternehmerischen Tätigkeit veranschlagen müssen. Diese benötigte Zeit wird wohl auch die Kalkulation Ihrer Preise und Honorare beeinflussen.
Denken Sie auch daran, Zeit für „Fortbildung“ in Sachen Steuern und Finanzen einzuplanen, sprich: für das Lesen von Brancheninformationen, die Sie zum Beispiel von der Wirtschaftskammer zugeschickt bekommen. Oft werden dort auch Informationen über Steuern und

Sozialversicherung verständlich und für die konkrete Zielgruppe passend zusammengefasst.

Susanna gewann rasch Überblick über ihre Unterlagen. Der Papierberg wanderte wohlsortiert in Ordner, die sie in Griffnähe ihres Schreibtisches aufbewahrte. Täglich nahm sie sich ein paar Minuten Zeit, die Belege und Unterlagen zu sortieren und abzulegen, Zeitschriften und Brancheninformationen auf Relevantes durchzusehen, Visitenkarten und Kontaktdaten zu ordnen, die sich angesammelt hatten, und E-Mails und Post zu erledigen. – Ein gutes Gefühl, ihre Existenz als Unternehmerin so gut geordnet zu wissen!

1. Einnahmen-Ausgaben-Rechnung: Die Grundlagen

Warum haben Sie sich für die Selbstständigkeit, eine Existenz als Unternehmerin oder Unternehmer, entschieden? Die Gründe dafür können vielfältig sein:

- Sie möchten Ihr eigener Boss sein.
- Sie möchten noch einmal etwas Neues anfangen.
- Sie möchten Ihr Wissen und Ihre Erfahrungen im eigenen Unternehmen einsetzen.
- Sich möchten Ihre Arbeitszeit frei einteilen.
- Sie möchten mehr Geld verdienen.
- Sie möchten in Ihrem Arbeitsalltag mehr Gestaltungsmöglichkeiten haben.
- Sie wollen Ihr „Familienmanagement" mit der Berufstätigkeit besser in Einklang bringen.
- Sie haben Ihren Arbeitsplatz als Angestellte(r) verloren und nützen die Chance, sich etwas Eigenes aufzubauen.
- Sie haben das Unternehmen von Ihren Eltern übernommen.
- Ihren Beruf können Sie nur als Selbstständige(r) oder Freiberufler(in) ausüben.
- usw.

1.1 Rahmenbedingungen für das „Business"

Die Basis aller Entscheidungen, die Sie mit dem Betreten des Unternehmerweges zu treffen haben und nun täglich treffen, ist die Bereitschaft, Verantwortung zu übernehmen: Verantwortung für Ihr Angebot, für die Ausführung Ihrer Arbeit, für das Ergebnis, das Sie Ihren Kunden präsentieren. Und dazu gehört auch die Verantwortung, sich um die Rahmenbedingungen Ihres „Business" ausreichend zu kümmern.
Die Grundlage Ihrer unternehmerischen Existenz ist neben den persönlichen Fähigkeiten, der Ausbildung, dem Kundenstamm und natürlich der Geschäftsidee: Geld. Der Gegenwert von Waren und Leistungen, die Sie anbieten oder selbst in Anspruch nehmen bzw. erwerben,

wird in Geldbeträgen ausgedrückt. Geld fließt ins Unternehmen hinein, Geld fließt aus dem Unternehmen hinaus.
Die betrieblichen Einnahmen und Ausgaben können bar, in Form von Bargeld, oder unbar, also über das Bankkonto, fließen. Den Nachweis über diese Geldflüsse erbringt man mittels Aufzeichnungen, zum Beispiel mittels Einnahmen-Ausgaben-Rechnung. Bekommen Sie von einem Kunden statt eines Geldbetrages als Honorar einen Gegenstand oder eine Dienstleistung, muss der Wert dieser Sache oder dieser Leistung ebenfalls in Geld ausgedrückt in die Aufzeichnung der Einnahmen einfließen.

Die Einnahmen-Ausgaben-Rechnung ist ein einfaches System der Gewinnermittlung, bei dem die betrieblichen Einnahmen und Ausgaben für das Kalenderjahr, oder bei Beginn oder Aufgabe der unternehmerischen Tätigkeit für das so genannte Rumpfwirtschaftsjahr, erfasst werden.
Die Einnahmen-Ausgaben-Rechnung ist weiters die Basis für die Berechnung der Steuern: Die monatliche oder quartalsweise Umsatzsteuervoranmeldung sowie die jährliche Umsatzsteuererklärung und die Einkommensteuererklärung werden auf Grundlage der Einnahmen-Ausgaben-Rechnung erstellt.

Die Einnahmen-Ausgaben-Rechnung stellt die Geldzuflüsse und Geldabflüsse einander gegenüber. Sie weist aus, ob ein Überschuss der Einnahmen über die Ausgaben bleibt oder ob mehr ausgegeben als eingenommen wurde. Die Informationen, die sich daraus gewinnen lassen:

- Erwirtschafte ich einen Einnahmenüberschuss?
- Kann ich mir diese oder jene – einmalige oder dauerhafte – Ausgabe leisten?

Aber auch:

- Sind die Ausgaben zu hoch?
- Sind die Einnahmen zu niedrig?

Die Steuerung der unternehmerischen Tätigkeit erfolgt also unter anderem anhand der Erkenntnisse, die aus der Gegenüberstellung von Einnahmen und Ausgaben zu gewinnen sind.

Das kann zu den unterschiedlichsten Konsequenzen führen:

- die Produkt- und Angebotspalette zu ändern;
- Marketingaktivitäten zu verstärken oder neu auszurichten;

- Preise zu erhöhen oder zu senken;
- Mitarbeiter einzustellen oder abzubauen;
- den Standort zu ändern, zu verkleinern oder zu vergrößern;
- Kooperationen einzugehen oder aufzulösen;
- Tätigkeiten auszulagern oder Ausgelagertes künftig selbst zu machen;
- Anschaffungen zu tätigen oder Anschaffungen zu verschieben;
- einen Kredit aufzunehmen oder Schulden abzubauen
- und viele „strategische" Entscheidungen mehr.

Die regelmäßige und lückenlose Aufzeichnung der Einnahmen und Ausgaben ist eine wichtige Grundlage für die Existenz des Unternehmens. Denn nur wenn es lückenlose Aufzeichnungen gibt, können fundierte betriebswirtschaftliche Entscheidungen getroffen werden.

Überschuss oder Fehlbetrag?

Das Wirtschaftsjahr dauert für den Einnahmen-Ausgaben-Rechner von 1. Jänner bis 31. Dezember, umfasst also das Kalenderjahr. Am Jahresende wird die Differenz von Betriebseinnahmen und Betriebsausgaben errechnet. Das Ergebnis zeigt entweder einen Überschuss/Gewinn oder einen Fehlbetrag/Verlust.

Überschuss/Gewinn: Die Einnahmen waren höher als die Ausgaben, es bleibt ein Gewinn.

Fehlbetrag/Verlust: Die Ausgaben waren höher als die Einnahmen, es kam zu einem Verlust.

Das bedeutet nicht, dass Sie nicht auch während des Jahres beobachten sollten, ob Ihre Einnahmen die laufenden Ausgaben decken oder – im besseren Falle – übersteigen. Für die Einkommensteuerberechnung relevant ist allerdings lediglich die Situation am Jahresende, also das Ergebnis der Tätigkeit des gesamten Wirtschaftsjahres.
Bei der Einnahmen-Ausgaben-Rechnung zählt *der tatsächliche Geldfluss*. An dem Tag, an dem Rechnungen bezahlt werden oder Honorare auf dem Konto eingehen, werden die Transaktionen aufgezeichnet. Dies gilt auch bei Barzahlung, die natürlich immer gegen Beleg erfolgen soll.

1.2 Wer darf die Einnahmen-Ausgaben-Rechnung anwenden?

Das Einkommensteuergesetz regelt, wer die Einnahmen-Ausgaben-Rechnung anwenden darf. Es sind dies:

- Freiberufler
- Gewerbetreibende, deren Umsatz die so genannte „Buchführungsgrenze“ nicht überschreitet. Diese beträgt € 400.000,00 bzw. bei Lebensmittel- und Gemischtwarenhändlern € 600.000,00 Jahresumsatz.
- Unternehmer, die Einkünfte aus Land- und Forstwirtschaft erzielen. Die Grenze liegt hier bei einem Einheitswert von € 150.000,00.

Vorteile der Einnahmen-Ausgaben-Rechnung:

- Durch das vergleichsweise einfache System ist sie nicht so zeitaufwändig wie die „Doppelte Buchhaltung“.
- Die Umsatzsteuer wird erst dann fällig, wenn die Zahlungen wirklich einlangen, und nicht schon aufgrund des Ausstellungsdatums der Rechnung.
- Die Aufzeichnungen sind auch mit einfachen Mitteln zu führen; aufwändige Buchhaltungsprogramme sind nicht nötig und der dazugehörige Lernaufwand entfällt.
- Der Warenbestand (Vorräte) zum Jahresende muss nicht ermittelt werden, es ist also keine Inventur zu machen.
- Die noch nicht abgerechneten Leistungen oder Halb- und Fertigfabrikate müssen nicht ermittelt werden.
- Abgrenzungsposten müssen nicht ermittelt werden.

Nachteile der Einnahmen-Ausgaben-Rechnung:

- Sie ergibt keine Darstellung der Vermögenslage.
- Offene, nicht bezahlte Ausgangsrechnungen und nicht eingegangene Honorare scheinen nicht auf. Das gibt am Jahresende unter Umständen ein falsches Bild von der wirtschaftlichen Situation des Unternehmens.
- Lieferverbindlichkeiten scheinen nicht auf. Das gibt am Jahresende ebenfalls unter Umständen ein falsches Bild von der wirtschaftlichen Situation des Unternehmens.
- Die Nichterfassung von Vorräten, nicht abgerechneten Leistungen und Halb- und Fertigfabrikaten verfälscht das Bild über die wirtschaftliche Situation.

Die Grundzüge der Einnahmen-Ausgaben-Rechnung leuchteten Susanna rasch ein. Sie wusste, sie durfte nicht nur den Ist-Zustand auf ihrem Bankkonto betrachten, sondern musste auch die unbezahlten Rechnungen – sowohl Eingangs- als auch Ausgangsrechnungen – im Auge behalten. Nur so erhielt sie ein „wahres“ Bild ihrer wirtschaftlichen Situation. Eine weitere Sache verinnerlichte sie von Beginn an: Sie durfte nicht alles Geld, das in ihr Unternehmen floss, für Anschaffungen und Lebenshaltungskosten verwenden, sie musste finanzielle Reserven bilden, um etwaige Steuernachzahlungen begleichen zu können und um ihre Liquidität zu sichern.

2. Die Erfassung der Betriebseinnahmen und Betriebsausgaben

Mehrmals pro Woche nahm sich Susanna einige Stunden Zeit für administrative Arbeiten. Ein wichtiger Teil dieser Arbeit war die Erfassung von Einnahmen und Ausgaben. Sie sortierte die Belege, die sich während der Woche angesammelt haben, legte diese in einem Ordner ab, sofern sie die Belege nicht schon täglich abgelegt hat, schrieb eigene Rechnungen und fallweise auch Zahlungserinnerungen an säumige Kunden, überprüfte Kontoauszüge und erledigte Überweisungen per Online-Banking. Alle Einnahmen und Ausgaben dokumentierte sie in selbst erstellten Excel-Tabellen, die sie auf ihrem Computer führte. Eine Kopie dieser Dateien speicherte sie nach jeder Bearbeitung auf einer Diskette/CD ab.

Unter **Betriebseinnahmen** versteht man alle dem Unternehmen zugeflossenen Einnahmen, in der Regel in Form von Geld, aber auch in Form von geldeswerten Leistungen. Als **Betriebsausgaben** bezeichnet man jene Ausgaben, die durch den Betrieb veranlasst sind. – Bevor wir uns in den nächsten Kapiteln den Einnahmen und Ausgaben im Detail widmen, beschäftigen wir uns mit den Grundlagen der Erfassung von Betriebseinnahmen und Betriebsausgaben.

2.1 Keine Aufzeichnung ohne Beleg!

Das akribische Sammeln von Belegen ist eine wichtige Aufgabe jeder Unternehmerin, jedes Unternehmers. Jeder Zahlungseingang und Zahlungsausgang im Zusammenhang mit der unternehmerischen Tätigkeit muss durch eine „Urkunde“ – und eine solche ist ein Beleg – nachgewiesen werden.

Taxirechnungen, Fahrscheine, Belege für Portospesen: So klein kann der Rechnungsbetrag gar nicht sein, dass es sich nicht lohnen würde, ihn in die Einnahmen-Ausgaben-Rechnung einfließen zu lassen. Auch für kleinste Beträge sollten Sie daher immer einen Beleg verlangen. Denn nur mit vorhandenem Beleg wirkt sich die entsprechende Ausgabe in Ihrer Einnahmen-Ausgaben-Rechnung aus: Sie verringert den Gewinn bzw. erhöht den Verlust und demnach die Bemessungsgrundlage für die Einkommensteuer. Enthält die Rechnung Umsatzsteuer, vermindert sich durch den Vorsteuerabzug auch die Umsatzsteuerzahllast gegenüber dem Finanzamt. – Wenn Sie nun meinen, bei Kleinstbeträgen von einigen Euro würde sich das nicht lohnen, rechnen Sie die Kleinstbeträge einmal auf ein Wirtschaftsjahr hoch: Sie werden staunen, welche Größenordnungen da zusammenkommen. Möchten Sie dieses Geld wirklich aus dem Fenster werfen?

Sortieren Sie die Belege nach Datum und legen Sie sie in einem Ordner ab. Auf jeder Rechnung, die Sie per Banküberweisung bezahlen, sollten Sie das Überweisungsdatum und gegebenenfalls auch die Nummer des Kontoauszugs notieren. Das hilft Ihnen später, die entsprechenden Buchungszeilen in den Kontoauszügen wiederzufinden.
Die **baren** und die **unbaren** Betriebseinnahmen und Betriebsausgaben müssen in chronologischer Reihenfolge – nach Monat und innerhalb der monatlichen Aufzeichnung nach Tagesdatum – geordnet aufgezeichnet werden.

Die Aufzeichnungen erfolgen

- in zeitlich richtiger Reihenfolge: beginnend mit dem Monatsersten und endend mit dem Monatsletzten;
- vollständig: alle relevanten Daten enthaltend;
- in einer lebenden Sprache;
- mit einem Schreibmittel, das nicht leicht entfernt werden kann (also nicht mit Bleistift!);
- ohne Leerzeilen zwischen den Eintragungen; müssen Eintragungen durchgestrichen werden, muss die ursprüngliche Eintragung erkennbar bleiben;
- so, dass eine Überprüfung jederzeit möglich ist;
- zeitgerecht, also so, dass die Umsatzsteuervoranmeldung für den entsprechenden Kalendermonat bzw. das Quartal rechtzeitig durchgeführt werden kann – spätestens einen Monat plus 15 Tage nach Ablauf des betreffenden Kalendermonats.
- EDV-Aufzeichnungen sind zulässig.

Papier oder Computer?

Die Aufzeichnung der Einnahmen und Ausgaben kann auf dem Papier oder im Computer erfolgen. Ob Sie eine entsprechende Software anschaffen oder sich mit Excel-Tabellen behelfen, ist eine Frage der persönlichen Vorliebe und des Umfanges der Einnahmen-Ausgaben-Rechnung. Wenn Sie nur wenige Belege und wenige Zahlungsvorgänge aufzuzeichnen haben, werden Sie sicher mit einem Programm für Tabellenkalkulation wie Microsoft Excel das Auslangen finden.
Bei erhöhtem Umfang der Zahlungsvorgänge wird sich die Anschaf-

fung einer Software für Einnahmen-Ausgaben-Rechnung als praktisch erweisen.
Einfache Programme für Einzelunternehmer beginnen in einem Preisbereich von ca. € 40,00; komplexere Software mit umfangreichen Funktionen ist im Bereich um die € 200,00 erhältlich. Manche Programme bieten auch Zusatzmodule wie zum Beispiel ein elektronisches Wareneingangsbuch.

Drucken Sie monatlich die Übersichten aus und sichern Sie die Daten auf CD, Diskette oder anderen externen Speichermedien.

Sollten Sie die Unterstützung eines Steuerberaters oder einer Buchhalterin in Anspruch nehmen, sprechen Sie auf jeden Fall mit ihm/ihr, bevor Sie sich für ein Programm entscheiden, damit Sie ein System anschaffen, das gegebenenfalls mit dem System des Steuerberaters/der Buchhalterin zusammenarbeiten kann, also einen entsprechenden Datenexport und Datenimport ermöglicht.

Privatentnahmen und Privateinlagen

Privateinlagen auf das Bankkonto und **Privatentnahmen** vom Bankkonto müssen nicht aufgezeichnet werden. Um einen Überblick über die tatsächlich erfolgten Eingänge und Ausgänge zu haben und um den Saldo des Bankkontos im Auge zu behalten, sind diese Aufzeichnungen jedoch sinnvoll. So behalten Sie auch die Kontrolle darüber, welche Privatentnahmen Sie getätigt haben. Auch die Entnahme von Bargeld muss nicht aufgezeichnet werden, es schadet aber keineswegs, das zur eigenen Kontrolle zu tun.

Bankkonto

Das **Bankkonto** sollte mit allen seinen Belegzetteln und Auftragsbestätigungen ein eigener „Belegkreis“ bleiben, damit man Vorgänge rasch nachvollziehen kann. Die Kontoauszüge müssen lückenlos vorhanden sein und chronologisch abgelegt werden. Notieren Sie gegebenenfalls auf den Kontoauszügen, zu welchen Belegen die Buchungsvorgänge gehören, falls dies aus den Angaben in den Buchungszeilen nicht hervorgeht.

Susanna eröffnete ein Konto, das sie fortan als Geschäftskonto nützte. Von dort tätigte sie alle ihr Unternehmen betreffenden Überweisungen und auf dieses Konto gingen auch die Zahlungseingänge von ihren Kunden ein. Die Kontonummer verwendete sie auf Ausgangsrechnungen, und da sie auch von Kunden im EU-Ausland Aufträge erhielt, druckte sie

auch jene Daten mit auf die Rechnungen, die den Zahlungsverkehr mit dem Ausland gebührenfreundlich ermöglichen: IBAN und BIC/Swiftcode zu ihrem Konto.
Außerdem verwendete sie für ihre geschäftlichen Ausgaben eine eigene Kreditkarte. Da sie oft im Ausland unterwegs war und dann auch viel mit Kreditkarte zahlte, behielt sie so den Überblick über ihre geschäftlichen und über ihre privaten Ausgaben.

Wir raten, **Geschäfts- und Privatkonto** getrennt zu führen. Betriebliche Zahlungen sollten Sie tatsächlich nur über das Geschäftskonto tätigen und eine Vermengung mit dem Privatbereich möglichst vermeiden.

Zahlen Sie mit **Kreditkarte**, dann gilt der Tag der Abbuchung am Konto als Buchungstag. – Dies zwingt gerade gegen Jahresende zum Aufpassen, falls die Ausgaben zwecks Gewinnminderung noch ins laufende Jahr eingebracht werden sollen. Die Kreditkartengesellschaften rechnen in einem mehrwöchigen Rhythmus ab und unter Umständen fällt der nächste Abrechnungstermin schon ins nächste Jahr.

Barschecks, die Sie erhalten, können zwar wie Bargeld behandelt werden, besser ist es allerdings, die Schecks auf die Bank zu bringen und die Beträge auf das Bankkonto buchen zu lassen und nach Gutschrift auf dem Bankkonto als Einnahme zu verarbeiten. Auch mit ausgehenden Schecks sollten Sie so verfahren, also diese nicht wie Bargeld behandeln, sondern den Ausgang auf dem Bankkonto als Buchungsgrundlage heranziehen. (Seit der Euroscheck-Verkehr aufgelassen wurde, spielen Schecks eine geringere Rolle als früher, sind aber im internationalen Geldverkehr durchaus noch üblich.)

Aufbewahrungsfristen

Sämtliche Kontounterlagen, Aufzeichnungen und Belege müssen Sie sieben Jahre lang aufbewahren, wobei die Frist mit Beginn des dem betreffenden Kalenderjahres folgenden Jahres zu laufen beginnt. Aufzeichnungen aus dem Kalenderjahr 1995 dürfen also frühestens am 1.1.2003 um 0.01 Uhr vernichtet werden. Urkunden und Belege betreffend Grundstücke sind zehn Jahre lang aufzubewahren. Das Datum der frühestmöglichen Vernichtung auf dem Ordner zu vermerken, ist eine sinnvolle Gedächtnisstütze. Nicht erlaubt ist die Vernichtung allerdings, wenn ein Verfahren anhängig ist oder eine Steuerprüfung läuft.
Bewahren Sie auch Speichermedien Ihrer Einnahmen-Ausgaben-Rechnung auf, da Sie bei Prüfungen durch das Finanzamt Unterlagen auch in elektronischer Form zur Verfügung stellen müssen.

2.2 Übersicht: Der Zeitpunkt der Erfassung von Einnahmen und Ausgaben

Bevor wir uns den einzelnen Arten von Einnahmen und Ausgaben sowie der Steuererklärung widmen, die wichtigsten Informationen zum Zeitpunkt der Erfassung von Einnahmen und Ausgaben im Überblick:

- Bei der Einnahmen-Ausgaben-Rechnung werden die Einnahmen und Ausgaben im Zeitpunkt ihres Erhalts bzw. ihrer Bezahlung erfasst. Man spricht vom **„Zufluss-Abfluss-Prinzip“**: Die Einnahmen und Ausgaben werden im Zeitpunkt des Geldflusses aufgezeichnet.

Einnahmen

- Die **Einnahmen** werden im Zeitpunkt des Zuflusses erfasst. Als Zeitpunkt des Zuflusses gilt jener Zeitpunkt, in dem man über die Einnahmen **verfügen** kann.
- Ausschlaggebend ist nicht die Kenntnis über die Verfügungsmöglichkeit, sondern die **Verfügungsmöglichkeit** selbst. Der Geldfluss ist also entscheidend: Ein auf dem Bankkonto gutgeschriebener Betrag ist im Zeitpunkt der Gutschrift durch die Bank und nicht erst mit Kenntnis dieser durch Ausdruck eines Kontoauszuges zugeflossen.
- **Ohne Bedeutung** ist, wann das Rechtsgeschäft, das der Zahlung zu Grunde liegt, **abgeschlossen** worden ist. Wird beispielsweise der Kaufvertrag im Jahr 2004 abgeschlossen, der Kaufpreis jedoch erst im Februar 2005 beglichen, so ist der Erlös im Jahr 2005 zugeflossen und die Einnahmen sind folglich im Jahr 2005 zu erfassen.
- Auch die Fälligkeit ist nicht relevant. Fällige, jedoch noch nicht gezahlte Beträge fließen erst mit deren **tatsächlicher Bezahlung** zu.
- Bei Bezahlung mit **Kreditkarte** entsteht die Verfügungsmacht erst mit Gutschrift des Betrages auf dem Konto. Im Zeitpunkt der Gutschrift ist der Zufluss zu erfassen.
- Werden **Gutscheine** verkauft, ist der Zeitpunkt des Verkaufs der Gutscheine und nicht deren spätere Einlösung entscheidend.

Ausgaben

- Der Abfluss von **Ausgaben** ist in dem Zeitpunkt zu erfassen, in dem die wirtschaftliche Verfügungsmacht über den Betrag verloren geht. Ausgaben sind folglich in dem Jahr zu berücksichtigen, in dem sie geleistet werden. Es ist grundsätzlich nicht maßgeblich, zu welchem Jahr die Ausgaben wirtschaftlich gehören.

- Auch bei der Verausgabung ist die Fälligkeit nicht von Bedeutung. Allein die **Zahlung** ist maßgeblich.
- Bei Bezahlung mit **Kreditkarte** geht die Verfügungsmacht mit Abbuchung des Betrages vom Konto verloren. Im Zeitpunkt der Abbuchung ist der Abfluss zu erfassen.
- Unabhängig vom Kontostand sind **Sollzinsen- und Bankspesenbuchungen** im Zeitpunkt ihrer Belastung als Abfluss zu erfassen.
- Eine Ausnahme vom Abfluss-Prinzip stellt die **Verteilungspflicht** bestimmter gegebener Vorauszahlungen dar. Unter **Vorauszahlungen** sind Zahlungen zu verstehen, denen noch keine Leistung des Empfängers gegenübersteht. Das Einkommensteuergesetz zählt Vorauszahlungen für bestimmte Kosten auf, die auf den Zeitraum der Vorauszahlung verteilt werden müssen, wenn die Vorauszahlungen nicht ausschließlich das laufende und das folgende Jahr betreffen. Dabei handelt es sich um:
  - Beratungskosten, wie zum Beispiel für technische Beratung, Rechts- und Steuerberatung
  - Bürgschaftskosten, die durch die Bürgschaft durch einen Dritten entstehen
  - Fremdmittelkosten, wie insbesondere Zinsen
  - Garantiekosten, die durch eine Bankgarantie entstehen
  - Mietkosten sowie Leasing- und Pachtkosten
  - Treuhandkosten
  - Vermittlungskosten, die für die Vermittlung anfallen
  - Vertriebskosten, wie insbesondere Werbekosten für die Akquisition von Kunden
  - Verwaltungskosten
- Wird für das laufende sowie für die folgenden zwei Jahre eine **Mietvorauszahlung** geleistet, ist in den drei Jahren jeweils ein Drittel der Mietkosten als Ausgaben zu erfassen, obwohl der Abfluss zur Gänze im laufenden Jahr erfolgt ist.

Beispiel: Überweisung der Mietvorauszahlung in der Höhe von € 4.800,00 für den Zeitraum Juli 2004 bis Juni 2006 am 1.7.2004: Im Jahr 2004 sind € 1.200,00, im Jahr 2005 € 2.400,00 und im Jahr 2006 € 1.200,00 als Ausgaben zu erfassen.

Ausgaben zur Anschaffung oder Herstellung von Anlagegütern

Aufwendungen für die Anschaffung bzw. Herstellung von Gegenständen, die dazu bestimmt sind, dem Geschäftsbetrieb dauernd zu dienen (z. B. Büro- und Geschäftsausstattung), sind nicht im Zeitpunkt ihrer Bezahlung, sondern über die **Abschreibung für Abnutzung** entsprechend der Nutzungsdauer der Gegenstände im Betrieb zu erfassen. Die Anlagegüter sind in das Anlagenverzeichnis aufzunehmen.

Beispiel: Kauf eines Computers um € 1.600,00 am 15. Mai 2004 mittels Barzahlung. Die Nutzungsdauer beträgt 4 Jahre. In der Einnahmen-Ausgaben-Rechnung sind in den Jahren 2004 bis 2007 jeweils € 400,00 als Ausgaben zu erfassen.

Bis zu einem Betrag von netto € 400,00 sind Anlagegüter als so genannte geringwertige Wirtschaftsgüter (GWG) im Zeitpunkt der Bezahlung als Ausgaben anzusetzen.

Beispiel: Anschaffung eines Druckers um € 200,00 am 15. Mai 2004 mittels Barzahlung: € 200,00 sind im Jahr 2004 Betriebsausgaben.

Regelmäßige Einnahmen und Ausgaben

Regelmäßig wiederkehrende Einnahmen und Ausgaben, die kurze Zeit vor Beginn oder kurze Zeit nach Beendigung des Kalenderjahres, zu dem sie wirtschaftlich gehören, zufließen bzw. abfließen, werden ausnahmsweise dem Kalenderjahr zugeordnet, zu dem sie wirtschaftlich gehören. Voraussetzung ist, dass die Einnahmen bzw. Ausgaben zu Beginn oder Ende des Kalenderjahres, zu dem sie wirtschaftlich gehören, fällig sind. Einnahmen bzw. Ausgaben sind regelmäßig wiederkehrend, wenn sie in gleichen bzw. annähernd gleichen Zeitabständen mehrmals hintereinander anfallen.

Beispiel: Die Geschäftsmiete wird am 15. jedes Monats fällig. Die Zahlung der Dezember-Miete erfolgt verspätet am 2. Jänner 2004. Die Ausgabe ist im Jahr 2004 zu erfassen, weil die Miete nicht zu Beginn oder zu Ende eines Kalenderjahres fällig ist.

Beispiel: Die Geschäftsmiete wird am 30. jedes Monats fällig. Die Zahlung der Dezember-Miete erfolgt verspätet am 2. Jänner 2004. Die Ausgabe ist im Jahr 2003 zu erfassen, weil die Miete zu Ende eines Kalenderjahres fällig ist.

Im Gegensatz zur so genannten Doppelten Buchhaltung scheinen Forderungen und Verbindlichkeiten in der Einnahmen-Ausgaben-Rechnung nicht auf. Das heißt, ausständige Forderungen wie Ausgangsrechnungen und Honorare oder noch nicht bezahlte Eingangsrechnungen aus dem laufenden Jahr wirken sich in der Ermittlung von Überschuss bzw. Fehlbetrag des betreffenden Jahres nicht aus.

3. Die Einnahmen-Ausgaben-Rechnung nach Nettomethode

(§ 4 Abs 3 Einkommensteuergesetz 1988)

Seit dem Jahr 2003 müssen Einnahmen-Ausgaben-Rechner zur Einkommensteuererklärung das Formular *E1a* (siehe Seite 83) ausfüllen. Dieses Formular bietet eine Grundstruktur für die Einnahmen-Ausgaben-Rechnung, an die Sie sich bei der Gestaltung Ihrer Aufzeichnungen halten können. Dieses Grundgerüst lautet:

Einnahmen:

- Waren-/Leistungserlöse
- Betriebseinnahmen, für die *Mitteilungen gemäß § 109a* ausgestellt wurden
- Anlagenerlöse/Entnahmewerte von Anlagevermögen
- Übrige Erträge, z. B. Versicherungsersatz

Keine Einnahmen sind: Privateinlagen, Kreditbereitstellungen, Einkommensteuergutschriften und Umsatzsteuergutschriften.

Ausgaben:

- Waren, Rohstoffe, Hilfsstoffe
- Beigestelltes Personal (Fremdpersonal) und Fremdleistungen
- Personalaufwand („eigenes Personal“)
- Abschreibungen auf das Anlagevermögen
- Geringwertige Wirtschaftsgüter (GWG)
- Instandhaltungen (Erhaltungsaufwand) für Gebäude
- Reise- und Fahrtspesen, inkl. Kilometergeld und Diäten (ohne tatsächliche Kfz-Kosten)
- Tatsächliche Kfz-Kosten (ohne AfA, Leasing und Kilometergeld)
- Miet- und Pachtaufwand, Leasing
- Provisionen an Dritte, Lizenzgebühren
- Werbe- und Repräsentationsaufwendungen, Spenden, Trinkgelder
- Buchwert abgegangener Anlagen
- Zinsen und ähnliche Aufwendungen
- Übrige und/oder pauschale Aufwendungen/Betriebsausgaben, z. B. Telefon-, Fax-, Energie-, Rechts- und Beratungskosten, Pflichtbeiträge zur Sozialversicherung

Keine Ausgaben sind: Privatentnahmen, Kredittilgungen, Einkommensteuerzahlungen, Umsatzsteuerzahlungen.

3.1 Die Aufzeichnung von Einnahmen und Ausgaben

Die regelmäßigen Aufzeichnungen der Einnahmen und Ausgaben sind chronologisch zu führen. Tragen Sie die Beträge inklusive Umsatzsteuer (brutto) ein. Treffen Sie auch gleich eine Zuordnung nach den genannten Einnahmen- und Ausgabenarten. Vermerken Sie die in den Beträgen enthaltene Umsatzsteuer bzw. Vorsteuer mit dem richtigen Prozentsatz, das erleichtert das spätere Herausrechnen der Steuern.

Eine Vorlage für die laufende Erfassung der Ausgaben könnte zum Beispiel so aussehen:

Datum	Beleg	Text	USt/VSt	Einnahmen	Art	Ausgaben	Art
01.03.04	1	Schreibtisch	20			936,00	Anlagenverzeichnis
01.03.04	2	Bürostuhl	20			720,00	Anlagenverzeichnis
01.03.04	3	Zimmerbrunnen	20			120,00	GWG
01.03.04	4	PC	20			1.200,00	Anlagenverzeichnis
01.03.04	5	Software	20			240,00	GWG
02.03.04	6	Wareneinkauf	20			2.400,00	Waren
02.03.04	7	Büromaterial	20			18,00	übrige Betriebsausgaben
02.03.04	8	Briefmarken	0			5,80	übrige Betriebsausgaben
02.03.04	9	Wareneinkauf	20			3.600,00	Waren
02.03.04	10	Faxgerät	20			360,00	GWG
03.03.04	11	Wareneinkauf	20			1.200,00	Waren
03.03.04	12	Erlöse	20	2.400,00	Erlös		
03.03.04	13	Wareneinkauf	20			600,00	Waren
03.03.04	14	Büromaterial	20			24,00	übrige Betriebsausgaben
03.03.04	15	Bahnticket	10			22,00	Reise- und Fahrtspesen
03.03.04	16	Taxi	10			5,50	Reise- und Fahrtspesen
04.03.04	17	Hotel Nächtigung Ausland	0			75,00	Reise- und Fahrtspesen
04.03.04	18	Bahnticket	10			22,00	Reise- und Fahrtspesen
04.03.04	19	Werbung Flugblätter	20			120,00	Werbeaufwendungen
04.03.04	20	Erlöse	20	1.800,00	Erlös		

Aus der laufenden Aufzeichnung werden für die Umsatzsteuervoranmeldung die Umsatzsteuer- und Vorsteuerbeträge herausgerechnet.

Die Einnahmen- und Ausgabenbeträge (netto) werden dann der jeweiligen Art zugeordnet und nach Art summiert in die Einnahmen-Ausgaben-Rechnung übergeführt.

Beispiele:	**Berechnung der Umsatz- und der Vorsteuer**		
Erlös € 2400,00 brutto		– dividiert durch 6	= **€ 400,00 Umsatzsteuer**
GWG, Faxgerät € 360,00 brutto		– dividiert durch 6	= **€ 60,00 Vorsteuer**
Reise- und Fahrtspesen, Taxi € 5,50 brutto		– dividiert durch 11	= **€ 0,50 Vorsteuer**
Reise- und Fahrtspesen, Hotel Nächtigung Ausland € 75,00			**– keine Vorsteuer**

Am Jahresende bzw. anlässlich der Steuererklärung für das betreffende Kalenderjahr werden die laufenden Aufzeichnungen in eine Übersicht zusammengeführt:

Beispiel: **Einnahmen-Ausgaben-Rechnung (Nettomethode)**

Einnahmen (netto, ohne Umsatzsteuer):	€
Erlöse	350.000,00
Ausgaben (netto, ohne Vorsteuer:	
Wareneinkauf	170.000,00
Löhne, Gehälter	45.000,00
Lohnsteuer	9.300,00
Gesetzlicher Sozialaufwand	25.000,00
Dienstgeberbeitrag	3.000,00
Zuschlag zum Dienstgeberbeitrag	300,00
Kommunalsteuer	2.000,00
Abschreibung für Abnutzung (AfA)	1.000,00
Geringwertige Wirtschaftsgüter (GWG)	2.000,00
Energiebezüge	350,00
Instandhaltungen	2.500,00
LKW-Kosten	5.200,00
Fahrtspesen, Taxi	100,00
Reiseaufwand	9.050,00
Mieten, Pacht	3.800,00
Versicherungen	2.000,00
Reinigungsmaterial	360,00
Postgebühren, Telefon	1.700,00
Büroaufwand	1.500,00
Honorare	250,00
Rechts- und Beratungsaufwand	2.700,00
Fachliteratur	100,00

Transportkosten	1.200,00
Werbung	2.000,00
Zinsenaufwand	500,00
Pflichtbeiträge gewerbliche Sozialversicherung	8.500,00
Sonstige Gebühren und Abgaben	530,00
Kammerumlage	100,00
Summe Ausgaben:	300.040,00
Überschuss/Gewinn:	**49.960,00**

Beispiel:

Einnahmen-Ausgaben-Rechnung (Nettomethode), optimiert für das Formular E1a (mehr dazu ab Seite 83)

	€
Waren-/Leistungserlöse (netto, ohne Umsatzsteuer)	...350.000,00...
Betriebseinnahmen, für die Mitteilungen gemäß § 109a ausgestellt wurden	....
Anlagenerlöse/Entnahmewerte von Anlagevermögen	....
Übrige Erträge	....
Ausgaben (netto ohne Vorsteuer)	
Waren, Rohstoffe, Hilfsstoffe	....170.000,00...
Beigestelltes Personal (Fremdpersonal) und Fremdleistungen	....
Personalaufwand („eigenes Personal“)	.....84.600,00...
Abschreibungen auf das Anlagevermögen 1.000,00 + GWG 2.000,00	.......3.000,00....
Instandhaltungen (Erhaltungsaufwand) für Gebäude	....
Reise- und Fahrtspesen, inkl. Kilometergeld und Diäten (ohne tatsächliche Kfz-Kosten)	..........9.150,00...
Tatsächliche Kfz-Kosten (ohne AfA, Leasing und Kilometergeld)	........5.200,00....
Miet- und Pachtaufwand, Leasing	.......3.800,00....
Provisionen an Dritte, Lizenzgebühren	....
Werbeaufwendungen, Spenden, Trinkgelder	........2.000,00....
Buchwert abgegangener Anlagen	....
Zinsen und ähnliche Aufwendungen	...........500,00....
Übrige und/oder pauschale Aufwendungen/Betriebsausgaben	.......21.790,00...
Summe der Aufwendungen	**..300.040,00...**
Überschuss/Gewinn nach Nettomethode	**....49.960,00...**

Das ist der Kern der Einnahmen-Ausgaben-Rechnung. Wenn Sie Ihre Aufzeichnungen von Beginn an am Formular *E1a* orientieren, werden Sie am Jahresende rasch zu einem übersichtlichen Ergebnis kommen. Das Ergebnis selbst ist dann im Zuge der Einkommensteuererklärung einfach in das Formular zu übertragen. Womit Sie eine wesentliche Grundlage der Einnahmen-Ausgaben-Rechnung bewältigt hätten! Ab Seite 83 werden wir darauf noch mal näher eingehen.

Was bedeutet „Nettomethode"?

Die Einnahmen und Ausgaben werden ohne Umsatzsteuer bzw. Vorsteuer verrechnet. Zahlungen der Umsatzsteuerzahllast an das Finanzamt oder Gutschriften des Vorsteuerüberschusses durch das Finanzamt werden ertragsneutral verrechnet.
Da die Nettomethode die wesentlich weiter verbreitete Methode ist, behandeln wir in diesem Buch die Bruttomethode nach der folgenden Erklärung nicht näher: Bei der Bruttomethode werden die Einnahmen und Ausgaben inklusive Umsatzsteuer bzw. Vorsteuer verrechnet. Zahlungen der Umsatzsteuerzahllast an das Finanzamt oder Gutschriften des Vorsteuerüberschusses durch das Finanzamt werden als Ausgabe bzw. Einnahme verrechnet.

3.2 Welche Aufzeichnungen sind noch zu führen?

Neben der Aufzeichnung von Betriebseinnahmen und Betriebsausgaben schreibt das Gesetz dem Einnahmen-Ausgaben-Rechner folgende Aufzeichnungen vor:

- die Führung eines Wareneingangsbuches
- die Führung eines Anlagenverzeichnisses
- die Führung von Lohnkonten, wenn Dienstnehmer beschäftigt werden

Wareneingangsbuch

Erwirbt ein *Unternehmen*, das eine Einnahmen-Ausgaben-Rechnung führt, Waren – Rohstoffe, Halbfertigerzeugnisse, Fertigteile, Hilfsstoffe und Zutaten –, um sie weiterzuverkaufen oder zu verarbeiten, muss ein Wareneingangsbuch geführt werden. Dieses beinhaltet folgende Angaben:

- fortlaufende Nummer der Eintragung
- Tag des Wareneinganges oder der Rechnungsausstellung
- Name und Anschrift des Lieferanten
- branchenübliche Bezeichnung der Ware und Angabe der Menge

- Preis (ohne Umsatzsteuer)
- Belegnummer sowie Hinweis auf dazugehörige Belege (Rechnung, Lieferschein, Frachtbrief, Zahlungsbestätigung)
- Preisnachlässe und Skonti
- Zahlungsform

Die Eintragung ins Wareneingangsbuch hat ebenso zeitgerecht zu erfolgen wie die Aufzeichnungen der Einnahmen und Ausgaben. Wobei sich der Eintragungszeitraum am Termin der Umsatzsteuervoranmeldung orientiert: spätestens einen Monat und 15 Tage nach dem entsprechenden Monat bei monatlicher Umsatzsteuervoranmeldung bzw. nach dem entsprechenden Kalendervierteljahr bei vierteljährlicher Umsatzsteuervoranmeldung.
Für die Führung eines Wareneingangsbuches gibt es wie auch für die Einnahmen-Ausgaben-Rechnung entsprechende Software bzw. zur Einnahmen-Ausgaben-Rechnung angebotene Module „Wareneingangsbuch". Ein Konto „Wareneinkauf" (z. B. auch hier wieder als Excel-Sheet) mit den notwendigen Angaben kann das Wareneingangsbuch ersetzen.
In das Wareneingangsbuch müssen auch Waren eingetragen werden, die für den Eigenverbrauch bestimmt sind. Nicht jedoch Verbrauchsgüter wie Büromaterial oder Heizmaterial. Auch Anlagegüter gehören nicht ins Wareneingangsbuch!
Die Führung des Wareneingangsbuches verpflichtet nicht gleichzeitig zur einer jährlichen Überprüfung des Warenbestandes (Inventur). Das heißt, das Wareneingangsbuch gibt keine Informationen über die vorhandenen Vorräte, sondern nur darüber, was eingekauft wurde!

Anlagenverzeichnis

Susanna hatte sich ihr Büro in einem Zimmer ihres Einfamilienhauses eingerichtet. Sie stattete das Zimmer mit einer Schreibtischkombination aus und leistete sich einen ergonomischen Bürostuhl. Ihre technische Ausstattung umfasste zum Start ihrer unternehmerischen Tätigkeit einen PC und einen Drucker.

Die Ausstattung des Büros zählt zum Anlagevermögen. Die Anlagen sind im Anlagenverzeichnis zu dokumentieren. Dabei handelt es sich um Gegenstände, die dem Unternehmen länger als ein Jahr dienen, wie technische Anlagen, Maschinen, Büro- und Geschäftsausstattung, Software etc. Aus diesem Grund sind die Anschaffungskosten zum Zeitpunkt der Anschaffung nicht zur Gänze in der Einnahmen-Ausgaben-Rechnung zu berücksichtigen, sondern sie stellen verteilt über den Zeitraum der Nutzung Ausgaben dar.

Abnutzbare Anlagegüter unterliegen einer Wertminderung durch die Abnutzung. Diese Wertminderung wird in Form der „Absetzung für Abnutzung", abgekürzt „AfA", in einem Geldbetrag ausgedrückt. Diesen Geldbetrag können Sie am Ende des Wirtschaftsjahres von Ihren Einnahmen abziehen und verringern so Ihren Gewinn und damit Ihre Steuerlast. Die Anschaffungskosten werden somit über die Nutzungsdauer verteilt abgesetzt. Ein kleines Beispiel soll das Prinzip erklären:

Susanna schaffte ihren Personalcomputer für € 1.000,00 (exkl. USt) im März 2004 an. Die voraussichtliche Nutzungsdauer beträgt 4 Jahre. In der Einnahmen-Ausgaben-Rechnung sind in den Jahren 2004 bis 2007 € 250,00 jährlich als AfA zu berücksichtigen. (Hätte Susanna den PC im Juli angeschafft, könnte sie im ersten Jahr nur die halbe AfA berücksichtigen.)
Der Drucker, den Susanna sich ebenfalls im März 2004 kaufte, zählt aufgrund seines Anschaffungspreises von € 350,00 (exkl. USt) zu den so genannten „geringwertigen Wirtschaftsgütern" (maximale Anschaffungskosten netto € 400,00). Geringwertige Wirtschaftsgüter können im Jahr der Anschaffung zur Gänze abgeschrieben werden.

Der Vollständigkeit halber sei auch noch die dritte Form der Wirtschaftsgüter genannt, die „nicht abnutzbaren Wirtschaftsgüter". Dazu zählen zum Beispiel: Grund und Boden, Kunstgegenstände und Antiquitäten. Diese Wirtschaftsgüter können nicht abgeschrieben werden.

Um es nicht zu einfach werden zu lassen, legt der Gesetzgeber für unterschiedliche Anlagegüter unterschiedliche Nutzungsdauern fest. Wir werden beim Abschnitt zur AfA noch genauer darauf eingehen. Um den Überblick über die Anlagegüter, ihren Wert, ihre Nutzungsdauer und die jährlichen Absetzbeträge zu gewährleisten, ist ein **Anlagenverzeichnis** zu führen.

Zu jeder Anlage sind folgende Angaben zu machen:

- die genaue Bezeichnung des Gegenstandes
- der Tag der Anschaffung
- der Name und die Anschrift des Lieferanten
- die Anschaffungs- oder Herstellungskosten exkl. USt
- die voraussichtliche Nutzungsdauer
- der Betrag der jährlichen AfA
- der Restbuchwert zum 31.12. des Jahres, das heißt, der noch absetzbare Betrag (auch ein Erinnerungswert, zum Beispiel ein Cent, ist zu vermerken, so lange Sie den Gegenstand noch in Verwendung haben)

Beispiel:		**Anlagenverzeichnis für das Jahr 2004**					
Nr.	**Bezeichnung Name u. Anschrift Lieferant**	**Datum**	**Anschaffungswert**	**Buchwert 1.1.04**	**Nutzungsdauer**	**AfA**	**Buchwert 31.12.04**
1	Schreibtisch Meier & Müller 2340, Hauptstr.	1.3.04	780,00	0	10 Jahre	78,00	702,00
2	Bürostuhl Huber GmbH 2344, Bahnhofstr.	1.3.04	600,00	0	10 Jahre	60,00	540,00
3	PC Elektro GmbH 1230, Perfektastr.	1.3.04	1.000,00	0	3 Jahre	333,33	666,67
	Summen		2.380,00			471,33	1.908,67

Drucken Sie die aktuelle Form des Anlagenverzeichnisses aus und legen Sie es bei Ihren Aufzeichnungen ab. Mit Einnahmen-Ausgaben-Rechnungssoftware können Sie sich die Rechenarbeit erleichtern, denn auch einfache Programme haben meist eine Möglichkeit, die jährliche AfA nach Eingabe aller Anschaffungsdaten automatisch zu berechnen.
Im Prinzip lässt sich das Verzeichnis auch manuell bzw. in einem Excel-Sheets realisieren.

Lohnkonto

Werden Mitarbeiter beschäftigt, so ist für jeden Arbeitnehmer ein Lohnkonto zu führen, das folgende Angaben beinhaltet:

- Name und Vorname, Wohnadresse
- Versicherungsnummer und Geburtsdatum
- Alleinverdiener-/Alleinerzieherabsetzbetrag laut Antrag des Arbeitnehmers, Kinderzuschlag
- Name, Sozialversicherungsnummer und Geburtsdatum des (Ehe-) Partners, wenn der Alleinverdiener-/Alleinerzieherabsetzbetrag berücksichtigt wurde, bzw. Namen der Kinder
- Pendlerpauschale
- Freibetrag laut Mitteilung des Finanzamts
- Arbeitslohn ohne jeden Abzug (Bruttolohn) inklusive geldwerte Vorteile (zum Beispiel Kfz zur Privatnutzung, Kost und Quartier)
- Angabe des Auszahlungstages, Lohnzahlungszeitraum (Tag, Monat), Art des Bezuges, einbehaltene Lohnsteuer, einbehaltene Sozialversicherung, Auszahlungsbetrag

Es sind immer die entsprechenden Kollektivverträge anzuwenden. Das Thema Personalverrechnung würde jedoch den Rahmen dieses Buches sprengen und wir gehen daher auch nicht weiter darauf ein, sondern verweisen auf entsprechende Fachliteratur bzw. das Fachwissen von Lohn- und Gehaltsverrechnungsspezialisten.

4. Die Betriebsausgaben

Aufwendungen, die der Führung des Betriebes dienen bzw. durch die Führung des Betriebes veranlasst sind, sind die so genannten Betriebsausgaben. Manche Ausgabenart hat ihre spezifischen Merkmale, und die Tücke sitzt oft im Detail: So sind entweder Privatanteile herauszurechnen oder die Einstufung als Betriebsausgabe erfolgt nach Kriterien, die in der Praxis nicht immer ganz einfach nachzuvollziehen sind – wie es zum Beispiel beim „Arbeitszimmer" der Fall ist.

Einige wesentliche Betriebsausgaben, die in Unternehmen jeder Größenordnung und Branche zu den typischen Aufwendungen zählen können:

- Miet- und Betriebskosten
- Leasingkosten
- Aufwendungen für Büromaterial: Kopierpapier, Ordner, Schreibgeräte, Tonerpatronen ...
- Verbrauchsmaterial: Reinigungsmittel, Toilettepapier, Papierhandtücher ...
- Portokosten
- Telefon-, Fax-, Internetkosten: Hier ist gegebenenfalls ein Privatanteil zu berücksichtigen.
- Fahrtkosten (Fahrscheine, Taxi; Strafmandate für Falschparken und Parken in zweiter Spur im Zusammenhang mit dem Entladen von Waren sind absetzbar, jene für Schnellfahren allerdings nicht!)
- Bewirtungskosten (meistens jedoch nur zur Hälfte)
- Reisekosten
- Wareneinkauf: Handelswaren, Roh- und Hilfsmaterial
- Personalkosten: Löhne, Gehälter, Lohnnebenkosten
- Fachliteratur: Fachbücher und Fachzeitschriften
- Aus- und Fortbildung (Kurse, Schulungen, seit 2004 auch Universitätsstudium, wenn dieses für die berufliche Existenz sinnvoll ist)
- Fremdleistungen
- sonstige Gebühren und Abgaben (zum Beispiel Grundumlage der Wirtschaftskammer, etwaige Säumniszuschläge)
- die eigene Pflichtversicherung (z. B. gewerbliche Sozialversicherung)
- Versicherungen, z. B. Betriebsunterbrechungsversicherung, Elektronikversicherung, Büroversicherung
- Instandhaltungskosten: Reparaturen, Ersatzteile ...

- Buchhaltungskosten
- Rechtsanwalts-, Notars- und Steuerberatungskosten
- Spenden (wenn sie auf der Liste der abzugsberechtigten Spenden stehen und sofern sie 10 % des Vorjahresgewinns nicht übersteigen)
- Bankzinsen und Geldspesen
- Kfz-Kosten
- „geringwertige Wirtschaftsgüter" (GWG)
- Abschreibung für Abnutzung (AfA)
- Buchwerte abgegangener Anlagen

Je nach Branche und Geschäftsmodell sehen Sie sich bei den einzelnen Ausgabenarten verschiedenen Anforderungen gegenüber, was die Absetzbarkeit als Betriebsausgaben betrifft. Typisches Beispiel für eine Aufwendung, deren Anerkennung als Betriebsausgabe einer genauen Überprüfung durch das Finanzamt unterliegt:

4.1 Das Arbeitszimmer im eigenen Wohnhaus oder in der eigenen Wohnung

Büro, Geschäftslokal, Werkstätte, Atelier, Arbeitszimmer in der Wohnung oder im Haus: es entstehen Kosten für die Miete und den Betrieb, also für Energie und Versicherungen. Ist der Arbeitsraum in der Wohnung oder im Haus, können die Kosten anteilig geltend gemacht werden. Ausschlaggebend dafür ist die betriebliche Nutzung. Diese muss nachgewiesen werden, und das Finanzamt sieht sich in der Regel sehr genau an, ob die Bedingungen erfüllt sind. Das heißt, der Arbeitsraum wird gegebenenfalls von einem Mitarbeiter des Finanzamts besichtigt, der auf einige Punkte achtet:

- Das Arbeitszimmer muss den Mittelpunkt der gesamten beruflichen und betrieblichen Tätigkeit darstellen. Das ist dann der Fall, wenn die Erwerbstätigkeit sowohl in finanzieller als auch in zeitlicher Hinsicht überwiegend im Arbeitszimmer ausgeübt wird.

Das klingt einleuchtend, ist aber in der Realität der „Homeworker" mit einigen Stolperfallen verbunden. So darf eine Programmiererin, deren Tätigkeit an ihren Computer und daher an ihren Schreibtisch in ihrem Arbeitszimmer gebunden ist, die gesamten Aufwendungen für dieses Arbeitszimmer absetzen. Ein EDV-Experte, der seinen Lebensunterhalt mit Schulungstätigkeit in den Räumen von Kursanbietern verdient,

darf die Kosten für sein häusliches Arbeitszimmer *nicht* gewinnmindernd absetzen; auch dann nicht, wenn er mehrere Stunden pro Woche mit Kursvorbereitungen oder der Korrektur von Aufgaben etc. an seinem Schreibtisch in ebendiesem Zimmer verbringt.
Tritt nun der Fall ein, dass die Programmiererin zusätzlich zu ihrer ursprünglichen Tätigkeit auch Schulungen in den Räumen eines Schulungsinstitutes hält, kann sie ihr Arbeitszimmer nicht mehr voll absetzen. Als Berechnungsgröße für die Absetzbarkeit wird dabei die Gewichtung der Tätigkeiten bzw. der daraus resultierenden Einnahmen herangezogen. Sollte die Schulungstätigkeit mehr als 50 % der Einnahmen ausmachen, so darf sie die Aufwendungen für das Arbeitszimmer gar nicht mehr absetzen.

Fälle dieser Art werden mit Zunahme atypischer Arbeitsverhältnisse und der steigenden Zahl von Unternehmern, die ihr Unternehmen von zu Hause aus betreiben und mehrere gleichartige oder auch mehrere unterschiedliche Tätigkeiten parallel ausüben, immer häufiger auftreten. Da Miete und Betriebskosten allerdings gerade beim Aufbau eines Unternehmens ein relativ großer Posten in Relation zur gesamten Finanzsituation sein können, zahlt es sich aus, sich mit der Frage des Arbeitszimmers sehr genau zu befassen – und sich gegebenenfalls für die Anmietung externer Räumlichkeiten zu entscheiden, sofern die Anmietung auch wirtschaftlich sinnvoll ist.

Weitere Bedingungen zur Definition von Arbeitszimmern im steuerlichen Sinne:

- Das Arbeitszimmer muss unbedingt notwendig sein und ausschließlich oder nahezu ausschließlich betrieblich genutzt werden.
- Die Einrichtung eines steuerlich anzuerkennenden Arbeitszimmers muss (nahezu) ausschließlich der beruflichen Benützung dienen: Schreibtisch, Sessel, Aktenschrank, Regale. Geräte der Unterhaltungs- und Freizeitindustrie (Radio, Fernseher, Videorecorder, Sportgeräte ...) sind nicht absetzbar.

Abgesetzt werden kann das Arbeitszimmer auf jeden Fall dann, wenn Sie Kunden dort empfangen, und auch dann, wenn Sie Angestellte beschäftigen.
Liegt das Arbeitszimmer oder Büro außerhalb der Wohnung oder des Wohnhauses, sind alle Kosten zur Gänze absetzbar, wenn die berufliche Verwendung notwendig ist und deren Ausmaß ein eigenes Arbeitszimmer oder Büro rechtfertigt.
Räumlichkeiten, die auch im Wohnungsverband liegen können, deren

Miet- und Betriebskosten zur Gänze absetzbar sind, können zum Beispiel sein:

- Tonstudio
- Fotostudio
- Labor
- Ordinations- und Therapieräumlichkeiten
- Proberaum mit Schallschutz
- Kanzlei
- Lagerräume

Befindet sich das **Arbeitszimmer in der Eigentumswohnung oder im Eigenheim**, fallen keine Mietkosten an. Statt dessen wird die Absetzung für Abnutzung (AfA) möglich, die mit 3 % bei unmittelbarer Betriebsausübung eines Gewerbetreibenden, ansonsten mit 2 % der anteiligen Anschaffungskosten bzw. des Teilwertes berechnet wird:

Beispiel: *Susanna richtete sich ein steuerlich anerkanntes Arbeitszimmer in ihrem Eigenheim ein, dessen Größe 15 % der Gesamtfläche beträgt. Die Anschaffungskosten für das Gebäude betrugen € 200.000,00. Als AfA können € 600,00 pro Jahr abgesetzt werden. Dieser Betrag errechnet sich folgendermaßen: 15 % von € 200.000,00 sind € 30.000,00, davon 2 % sind € 600,00.*

Eine häufig gestellte Frage: *Die Aufwendungen für mein Arbeitszimmer sind nicht absetzbar, weil es nicht den Mittelpunkt meiner Tätigkeit bildet. Bedeutet das, dass Computer und Drucker auch nicht absetzbar sind?*
Antwort: Nein, Aufwendungen für typische Arbeitsmittel wie z. B. Computer, Drucker, Kopierer, Faxgeräte und Telefonanlagen sind bei entsprechender betrieblicher Verwendung abzugsfähig.

4.2 Bewirtungsspesen

Ein Ausgabenart, die auch immer wieder zu Unsicherheiten bei der Berechnung des absetzbaren Betrages führt, sind Spesen für Bewirtung. Bei Bewirtungsspesen sind zwei Dinge zu beachten:

- Sind die Bewirtungsspesen im Hinblick auf die Ermittlung des Gewinnes als Werbeaufwand zur Gänze, teilweise oder nicht abzugsfähig?

- Ist die Vorsteuer der Bewirtungsspesen bei der Ermittlung der Umsatzsteuerzahllast bzw. -gutschrift abzugsfähig?

Es sind drei Kategorien zu unterscheiden:

- **zur Gänze abzugsfähige Bewirtungsspesen (Einkommen- und Umsatzsteuer):** Bewirtung/Verpflegung und Hotelkosten von Gästen, vorausgesetzt, diese Ausgaben sind Bestandteil der Leistung.

Beispiel: *Susanna hatte den Auftrag, die Mitarbeiterin eines Kunden im Rahmen eines individuellen Trainings in ihrem Büro, das mehrere Tage dauerte, in die Benützung einer speziellen Software einzuschulen. Die Kosten für die Unterbringung und Verpflegung waren im Gesamtpreis der Einschulung inbegriffen. Während dieser Zeit wohnte die Mitarbeiterin in einer nahegelegenen Pension. Die Kosten für die Beherbergung sowie die Kosten für Speisen und Getränke der „Schülerin" konnte Susanna voll absetzen.*

Beispiel: *Susanna bot ein kostenpflichtiges Seminar in einem Seminarhotel an, die Teilnahmegebühr schloss auch das Mittagessen und die Pausengetränke mit ein. Die Kosten dafür konnte sie absetzen.*

- **nicht abzugsfähige Bewirtungsspesen:** Bewirtungsspesen, die hauptsächlich der Repräsentation dienen, können weder einkommen- noch umsatzsteuerlich geltend gemacht werden:

Beispiel: *Susanne schloss einen Vertrag mit einem Geschäftspartner, der ihr eine monatelange Auslastung garantierte. Nach Unterzeichnung des Vertrages lud sie den neuen Kunden zu einem opulenten Abendessen in ein Restaurant ein. Diese Kosten waren nicht absetzbar.*

Beispiel: *An ihrem Geburtstag lud Susanna die Studentin, die ihr stundenweise im Büro aushalf, ins Kino und hinterher zum Essen ein. Die Kosten waren nicht absetzbar.*

- **„gemischt" abzugsfähige Bewirtungsspesen:** Zur Gänze bei der Umsatzsteuer und zu 50 % bei der Einkommensteuer sind Bewirtungsspesen dann abzusetzen, wenn sie der **Werbung** dienen und wenn die berufliche bzw. betriebliche Veranlassung überwiegt. **Die Bewirtungsspesen werden von der Finanzbehörde gerne unter die**

Lupe genommen, daher ist es wichtig, den oder die Namen der Bewirteten sowie den Zweck auf der Rechnung zu notieren. Typische Bewirtungsspesen in dieser Kategorie sind Geschäftsessen in Zusammenhang mit Geschäftsanbahnung und Arbeitsessen *vor* dem eigentlichen Abschluss.

Beispiel: *Susanna hatte im Vorfeld des Abschlusses des lukrativen Auftrags ein Treffen mit einigen Mitarbeitern des künftigen Geschäftspartners, um vertragliche und organisatorische Details zu besprechen. Dieses Treffen fand auf Susannas Einladung als Arbeitsfrühstück in einem Restaurant statt. Die Kosten für die Bewirtung waren zu 50 % gewinnmindernd absetzbar, die Vorsteuer konnte sie zu 100 % geltend machen.*

Beispiel: *Susanna lud einige Geschäftsleute ihres Wohnortes zu einem Gratis-Vortragsabend ein, bei dem sie ihre Produktpalette präsentierte. Im Anschluss daran gab es ein kleines Buffet. Die Kosten für die Bewirtung waren zu 50 % gewinnmindernd absetzbar, die Vorsteuer konnte sie zu 100 % geltend machen.*

Zur Illustration noch ein **Rechenbeispiel**:

Restaurant zum Goldenen Hirschen

Rechnung 12345			*14.4.2004*
			€
1 Geb. Hühnerschnitzel			*8,00*
1 Backhendl			*7,20*
2 Salate nach Saison			*5,80*
1 Großer Brauner			*2,90*
1 Großer Brauner			*2,90*
1 ½ Soda			*2,00*
1 ½ Soda			*2,00*
1 ½ Heuriger			*4,40*
Rechnungsbetrag €			*35,20*
USt	*Netto*	*Steuer*	*Brutto*
10 %	*19,09*	*1,91*	*21,00*
20 %	*11,83*	*2,37*	*14,20*

Die Hälfte des Nettobetrages – 50 % von € 30,92, das sind € 15,56 – kann als Betriebsausgabe angesetzt werden, die Vorsteuer ist zur Gänze – € 4,28 – abzugsfähig.

Notieren Sie auf jeden Fall immer sofort, mit wem und in welchem geschäftlichen Zusammenhang die Bewirtungsspesen angefallen sind, denn es ist oft schon nach wenigen Wochen nicht mehr so einfach, die Details zu rekonstruieren. Falls Sie geschäftlich unterwegs sind und entsprechende Belege anfallen, verwahren Sie diese so, dass Sie sie zu Hause gleich in Ihre Aufzeichnungen übernehmen können, ohne erst lange nach einzelnen Zetteln suchen zu müssen. Es ist leider so, dass man in Jacken und Taschen oft nach Monaten gerade Bewirtungsbelege wiederfindet, die man beim Verlassen des Lokals rasch, aber gedankenlos verstaut hat und die dann nicht mehr zugeordnet werden können.

4.3 Geschenke und „Werbegeschenke“

Neben Bewirtungskosten entstehen im Zusammenhang mit Geschäftsanbahnung oder der Aufrechterhaltung der guten Geschäftsbeziehungen Kosten für Geschenke. Also in der Regel Weihnachtsgeschenke oder auch Geburtstagspräsente für spezielle Kunden. Achtung: Solche Geschenke können sich nur dann gewinnmindernd auswirken, das heißt als Betriebsausgaben gewertet werden, wenn sie mit einem Werbeaufdruck oder einem Werbeaufkleber versehen sind! Ein Buch für Ihre Lieblingskundin, in der Buchhandlung als Geschenk verpackt und zum Geburtstag mitgebracht, kann nicht als Betriebsausgabe gewertet werden, ebenso Einladungen zu Veranstaltungen wie z. B. Bällen sowie Theater- oder Konzertkarten.
Klassische Werbegeschenke wie Kugelschreiber mit Firmenaufdruck, Schreibblöcke mit Firmenschriftzug, Zettelboxen mit Firmenlogo, Firmen-T-Shirts und eine Fülle weiterer Produkte, die mit Werbeaufdruck versehen sein können, sind als Werbemaßnahmen zu betrachten und daher zur Gänze abzugsfähig.

4.4 Reisekosten

Wird eine beruflich bedingte Reise angetreten, so können dafür Reisekosten geltend gemacht werden, wenn die Reise länger als 3 Stunden dauert und über einen Radius von 25 Kilometern hinausgeht. Die Reise beginnt mit dem Abschließen der eigenen Büro-/Betriebstüre und endet mit dem Öffnen derselben.

Zu den Reisekosten zählen:

- **Fahrtspesen:** Flug- und Bahntickets, Taxirechnungen, Fahrscheine und die Kosten für die Nutzung des PKW bzw. Kilometergeld
- **Nächtigungskosten:** Hotelkosten bzw. Nächtigungsgelder
- **Tagesgelder:** pauschale Beträge zur Abgeltung des Mehraufwandes für Verpflegung

Für Übernachtungen im Inland ohne Beleg können Sie einen Pauschalbetrag von € 15,00 abziehen oder Sie verrechnen die tatsächlich bezahlte Hotelrechnung.

Die **Tagesgeldsätze** sind:	€
über 3 Stunden bis 4 Stunden	8,80
über 4 Stunden bis 5 Stunden	11,00
über 5 Stunden bis 6 Stunden	13,20
über 6 Stunden bis 7 Stunden	15,40
über 7 Stunden bis 8 Stunden	17,60
über 8 Stunden bis 9 Stunden	19,80
über 9 Stunden bis 10 Stunden	22,00
über 10 Stunden bis 11 Stunden	24,20
über 11 Stunden bis 12 Stunden	26,40

Dauert die Geschäftsreise länger als zwölf Stunden, können trotzdem nicht mehr als € 26,40 pro Tag verrechnet werden!

Informationen zu den aktuellen Tagesgeldsätzen für **Auslandsreisen** finden Sie im Internet unter: www.steuerverein.at/hilfsmittel/reisekosten.htm

Wie bei den Bewirtungsspesen bereits erwähnt: Sammeln Sie alle Belege während der Reise gleich in einem Umschlag oder in einem Fach Ihres Zeitplanbuches. Notieren Sie am besten noch auf der Reise alle nötigen Angaben wie Kundennamen und Zweck des Gesprächs auf den entsprechenden Belegen. Zeichnen Sie die Reisekosten inklusive aller Angaben zu Reisedaten und Reisezweck sofort nach der Reise auf, solange die Erinnerung noch frisch ist. In diesen **Reisekostenbericht** werden eingetragen:

- der Zielort
- das Reisedatum mit Abfahrts- und Ankunftszeit
- der Zweck der Reise
- eventuelle Gesprächspartner
- die Kosten in Form von Tages- und Nächtigungsgeldern
- Nebenkosten (Fahrtkosten, Parkkosten, Eintrittsgelder für Messen usw.)

Wichtig ist die Anmerkung, dass die Reise „über xx Stunden" gedauert hat. Die tatsächliche Zeitangabe muss mindestens 5 Minuten länger als die volle Stunde lauten: „9.00 bis 12.05 Uhr". Wird „9.00 bis 12.00" aufgezeichnet, können die Reisekosten in Form des Tagesgeldpauschales von – in diesem Fall – € 8,80 nicht abgesetzt werden.

Beispiel:

Reisekostenabrechnung
Susanna M.

Geschäftsfahrt nach:		Innsbruck
Zweck der Reise:		Besprechungen mit Firmen XY und YZ
Abfahrt am:		2.2.2004, 7.00 Uhr
Rückkehr am:		3.2.2004, 20.30 Uhr
	€	Vorsteuer
Tagesgelder:		
2 Tage x € 26,40	52,80	10 %
Nächtigung lt. Nachweis:	63,50	10 %
wenn keine Hotelrechnung vorhanden:		
Pauschale: 1 Nacht x € 15,00	*15,00*	*10 %*
Fahrtkosten: Bahn	45,00	10 %
Nebenkosten:..............	....	....
gesamte Reisekosten	....	....

....
Ort, Datum Unterschrift

Achtung: Tages- und Nächtigungsgelder für Reisen innerhalb Österreichs sind vorsteuerabzugsberechtigt, sie enthalten 10 % Vorsteuer. Um die Vorsteuer zu erhalten, muss man die Tages- und Nächtigungsgelder durch 11 dividieren:

Beispiel: Tagesgelder Österreich, 2 Tage zu € 26,40 = € 52,80, davon sind € 4,80 (€ 52,80/11) als Vorsteuer abzugsfähig, € 48,00 sind als Reiseaufwand in der Einnahmen-Ausgaben-Rechnung zu berücksichtigen.

Bei den anderen Kosten gilt der auf der Rechnung angegebene Umsatzsteuersatz. Tages- und Nächtigungsgelder im Ausland sind nicht vorsteuerabzugsberechtigt. Ebenso können von Flug- und Bahntickets für Auslandsreisen keine Vorsteuern geltend gemacht werden (zur Vorsteuer mehr ab Seite 64).

Tipp: Um die berufliche Veranlassung einer Geschäftsreise glaubhaft zu machen, können Sie dem Reisekostenbericht Prospekte, Seminarprogramme, Visitenkarten, Eintrittskarten und Ähnliches beilegen.

Häufig gestellte Fragen zum Thema Reisekosten:

Frage: *Ich habe eine Jahreskarte für die innerstädtischen Verkehrsmittel. Darf ich diese absetzen?*
Antwort: Bei Aufwendungen, bei denen eine klar abgrenzbare betriebliche Veranlassung neben einer privaten Veranlassung gegeben ist, ist eine Aufteilung vorzunehmen, die allenfalls im Schätzungsweg erfolgen kann. Nur der betrieblich veranlasste Anteil kann als Ausgabe berücksichtigt werden.

Frage: *Ich habe eine Jahreskarte für die innerstädtischen Verkehrsmittel. Darf ich trotzdem innerstädtische Taxifahrten absetzen?*
Antwort: Ja.

Frage: *Ich muss über einen langen Zeitraum hinweg jede Woche zweimal einen Kunden in einer anderen Stadt besuchen. Darf ich dafür Tagesgelder absetzen?*
Antwort: Ja, jedoch nur in der Anfangsphase von fünf Tagen. Erfolgt innerhalb von sechs Monaten kein Einsatz an diesem Ort, können wieder Tagesgelder für fünf Tage abgesetzt werden. Dies deshalb, weil die Begründung eines weiteren Mittelpunkts der Tätigkeit angenommen wird. Es wird unterstellt, dass dem Steuerpflichtigen nach fünf Tagen bekannt ist, wo er sich günstig verpflegen kann.
Die gleiche Regelung kommt zur Anwendung, wenn der Steuerpflichtige *an einem Ort durchgehend* tätig ist. Für die ersten fünf Tage stehen Tagesgelder zu, ab dem sechsten Tag nicht mehr. Hat der Steuerpflichtige nach einer Pause von sechs Monaten wieder an diesem Ort zu tun, dann stehen wieder Tagesgelder für fünf Tage zu.

Wird der Steuerpflichtige an einem Ort immer wieder, jedoch nie regelmäßig tätig (z. B. zwei Tage im Jänner: 12.1. und 27.1., einen Tag im Februar: 20.2., vier Tage im April: 7.4., 14.4., 26.4. und 30.4.), so kann er Tagesgelder für 15 Tage *pro Kalenderjahr* geltend machen.

Frage: *Ich besuche häufig Messen im Ausland und hänge meist noch ein paar Tage „privat" an. Was darf ich absetzen?*
Antwort: Absetzbar ist nur der beruflich veranlasste Aufenthalt.

Frage: *Die Hotelrechnungen werden von meinem Auftraggeber bezahlt. Darf ich trotzdem Nächtigungsgeld absetzen?*
Antwort: Nein.

Frage: *Ich kann auf Geschäftsreisen häufig bei Bekannten übernachten und habe keinen Nachweis über die tatsächlichen Kosten. Darf ich trotzdem Nächtigungsgeld absetzen?*
Antwort: Ja.

Frage: *Ich habe mir auf einer eintägigen Geschäftsreise ein Mittagessen zum Preis von € 50,00 gegönnt. Darf ich die Rechnung gewinnmindernd absetzen?*
Antwort: Nein, der Verpflegungsmehraufwand ist durch das Tagesgeld von € 26,40 abgegolten.

Begleitung auf Reisen

Sollte Ihre Lebenspartnerin bzw. Ihr Lebenspartner Sie auf einer Geschäftsreise begleiten, können die Kosten für sie oder ihn nur dann abgesetzt werden, wenn die Begleitung eindeutig beruflich oder betrieblich notwendig ist. Also wenn der Partner zum Beispiel eine fachspezifische Ausbildung hat und Ihnen bei Ihrer Tätigkeit assistiert, wie zum Beispiel bei der Führung von Gesprächsprotokollen, und Sie für diese Arbeit auf jeden Fall auch eine nicht mit Ihnen privat verbundene Person auf die Geschäftsreise mitgenommen hätten.

4.5 Geringwertige Wirtschaftsgüter (GWG)

Neben den laufend wiederkehrenden Betriebsausgaben, die entweder regelmäßig oder unregelmäßig auftreten, gibt es eine weitere Form von Ausgaben, die einer näheren Erläuterung bedürfen: die Anschaffung so genannter geringwertiger Wirtschaftsgüter.

Der Begriff „geringwertig" sagt nichts über die Qualität des betreffenden Wirtschaftsgutes aus, sondern bezieht sich einzig und allein auf die Anschaffungskosten.

Ein geringwertiges Wirtschaftsgut ist demnach ein Anlagegegenstand, der einen Anschaffungspreis von maximal € 400,00 netto (ohne Umsatzsteuer) hat.

Typische GWG sind: Handys, Bürogeräte wie Anrufbeantworter, Fax, Scanner und Drucker und sonstige „Peripherie" rund um den PC; aber auch Werkzeug, Aktenvernichter, Diktiergerät, Laminiergerät, die beruflich genützte Kaffeemaschine und vieles mehr – vorausgesetzt, es kostet in der Anschaffung nicht mehr als € 480,00 inkl. Umsatzsteuer.
Wählen Sie ein modernes Multimedia-Handy mit einem Preis von mehr als € 480,00 brutto, trifft die Bewertung als GWG nicht mehr zu.
Die Folge: Das teure Handy ist als Anlagevermögen über die so genannte „voraussichtliche Nutzungsdauer" abzuschreiben. Das heißt, die Anschaffungskosten/Herstellungskosten werden nicht sofort im Jahr der Anschaffung oder Herstellung vollständig als Betriebsausgabe berücksichtigt, sondern mindern in Form der Abschreibung über die voraussichtliche Nutzungsdauer verteilt das Ergebnis – dazu mehr im Abschnitt über die AfA.
Die Anschaffung des günstigeren Handys führt dazu, dass Sie den Betrag noch im selben Jahr komplett als Betriebsausgabe absetzen können (nicht müssen!) und so Ihre Einkommensteuer für das laufende Jahr entsprechend verringern können.
Zeichnet sich am Jahresende ein Überschuss ab und hat man ohnehin einige Anschaffungen von Geräten oder Büroausstattung mit einem Preis von jeweils maximal € 400,00 pro Gegenstand geplant, kann es aus steuerlichen Gründen sinnvoll sein, diese Anschaffungen ins alte Jahr vorzuziehen. Aber Achtung, die Gegenstände müssen auch im alten Jahr bezahlt werden! Bedenken Sie bei Bezahlung mit Kreditkarte, dass die Abbuchung vom Bankkonto unter Umständen erst im nächsten Jahr erfolgt und die Ausgabe somit erst im nächsten Jahr berücksichtigt wird. Maßgeblich ist der Zeitpunkt der Verausgabung.
Stellen Anlagegegenstände nach ihrem Zweck eine Einheit dar (z. B. Bestuhlung eines Konferenzsaales), sind diese auch als Einheit zu aktivieren und auf die voraussichtliche Nutzungsdauer abzuschreiben.

Häufig gestellte Fragen zu GWG:

Frage: *Muss ich geringwertige Wirtschaftsgüter ins Anlagenverzeichnis aufnehmen?*
Antwort: In der Praxis werden geringwertige Wirtschaftsgüter nicht ins Anlagenverzeichnis aufgenommen.

Frage: *Ein Bekannter verkaufte mir seinen Drucker zum Preis von € 350,00. Unter welchen Bedingungen kann ich diesen Betrag gewinnmindernd absetzen?*
Antwort: Ist ein Beleg vorhanden, kann der Drucker als geringwertiges Wirtschaftsgut abgesetzt werden. Ein Vorsteuerabzug ist von der Unternehmereigenschaft des Bekannten abhängig, denn es kann nur die von anderen Unternehmern in einer Rechnung ausgewiesene Umsatzsteuer als Vorsteuer abgezogen werden.

Frage: *Am 15. Juni kaufte ich einen neuen Computer im Wert von € 950,00 netto. Am 25. Juni entschloss ich mich zum zusätzlichen Einbau einer zweiten Festplatte, die ich für € 250,00 netto erstand. Darf ich die Festplatte als GWG absetzen?*
Antwort: Ja.

Sind zum Zeitpunkt der Gründung bereits geringwertige Wirtschaftsgüter vorhanden, die einer betrieblichen Nutzung zugeführt werden sollen, können diese in das Unternehmen „eingelegt" werden. Einlagen sind grundsätzlich mit dem Teilwert zum Zeitpunkt der Zuführung anzusetzen. Die eingelegten Gegenstände können als geringwertige Wirtschaftsgüter behandelt und sofort abgeschrieben werden, wenn der Grenzbetrag von € 400,00 nicht überschritten wird.

Beispiel: *Susanna brachte ein Faxgerät, das sie einige Monate vor der Unternehmensgründung gekauft hatte, in ihr Unternehmen ein. Das Fax hatte einen Anschaffungspreis von € 320,00. Es konnte daher im ersten Wirtschaftsjahr zur Gänze abgeschrieben werden.*

4.6 Absetzung für Abnutzung (AfA)

Die Anschaffung von Wirtschaftsgütern, deren Nutzung über ein Jahr hinausgeht (Anlagen) und deren Anschaffungskosten mehr als € 400,00 netto betragen, wirkt sich nicht zur Gänze im Jahr der An-

schaffung gewinnmindernd aus. Diese Anlagegüter werden je nach Nutzungsdauer über mehrere Jahre abgeschrieben. Sie werden im Anlagenverzeichnis dokumentiert (auf Seite 33 haben wir beschrieben, wie das Anlagenverzeichnis aussieht).
Abnutzbare Anlagegüter sind Güter, die durch den Gebrauch einer Abnutzung unterliegen, wie Maschinen, Fahrzeuge, Geschäfts- und Büroeinrichtungen inkl. Computer und Software sowie Gebäude. – Der Grund, auf dem das Gebäude steht, gehört zu den *nicht abnutzbaren Wirtschaftsgütern*.
Abnutzbares Anlagevermögen wird durch die Nutzung einer Wertminderung ausgesetzt, also einer Abnutzung. Diese Wertminderung drückt sich in einem bestimmten Betrag aus, der sich im steuerlichen Sinne positiv auswirkt: Dieser Absetzbetrag trägt zur Minderung des Gewinnes bei und damit zu einer Verminderung der Einkommensteuer.
Die Grundlage für die Berechnung der AfA sind die Anschaffungs- oder Herstellungskosten. Unter Anschaffungskosten versteht man jene Kosten, die beim Erwerb eines Wirtschaftsgutes aufgebracht werden müssen, inklusive Kosten für den Bezug wie Frachtspesen, Zoll, Transportversicherung sowie Montagekosten und Kosten für die Inbetriebnahme. Das heißt, das Zusammenbauen der Büromöbel durch einen Montagedienst, das Einrichten des PC und das Aufspielen der Software durch einen Techniker gehören als Nebenkosten mit zu den Anschaffungskosten und müssen über die Nutzungsdauer verteilt abgesetzt werden.
Unter Herstellungskosten versteht man alle Kosten, die bei der Herstellung eines Wirtschaftsgutes aufgebracht werden müssen (z. B.: Errichtung einer Werkstatt).

Der Abschreibungszeitraum unterscheidet sich zwischen den Anlagegütern je nach ihrer angenommenen Nutzungsdauer. Gesetzlich festgelegt ist nur die Nutzungsdauer für Gebäude und für Personen- und Kombinationskraftwagen: Von den Anschaffungs- oder Herstellungskosten der Gebäude beträgt die AfA ohne Nachweis der Nutzungsdauer 3 %, soweit das Gebäude unmittelbar der Betriebsausübung eines Land- und Forstwirtes oder Gewerbetreibenden dient, ansonsten 2 %. Bei Personen- und Kombinationskraftwagen ist eine Nutzungsdauer von 8 Jahren vorgeschrieben.

Ansonsten gilt die so genannte „betriebsgewöhnliche Nutzungsdauer“ wie zum **Beispiel:**

- 5 bis 10 Jahre für Einrichtungsgegenstände (Schreibtische, Sessel usw.) und
- 3 bis 4 Jahre für die Elektronik (PC, Notebook, teure Software usw.).

Übersicht über Anlagegüter und ihre Nutzungsdauer

Anlagegut	Nutzungsdauer in Jahren
Gebäude, das unmittelbar der Betriebsausübung eines Land- und Forstwirtes oder Gewerbetreibenden dient (Produktion, Bearbeitung, Lagerung ...)	33,33
Gebäude, das im Zuge einer freiberuflichen Tätigkeit oder einer sonstigen selbstständigen Tätigkeit genutzt wird	50
Maler-, Bodenleger-, Elektroarbeiten bei Mietobjekten ohne vereinbarte Mietdauer	10
Maschinen	5–10
Einrichtungsgegenstände wie Büromöbel	5–10
PKW und Kombi	8
LKW und sonstige Kfz	4–5
Computer	3–4
Software	3–5

Der jährliche Abschreibungsbetrag errechnet sich aus Anschaffungskosten dividiert durch Nutzungsdauer in Jahren.

Beispiel:

Susanna kaufte am ***1. Juni 2004*** *einen Computer im Wert von € 1.200,00 netto. Das Gerät hat eine Nutzungsdauer von 3 Jahren. Die jährliche AfA beträgt:*

2004 € 400,00 (33,33 %)
2005 € 400,00 (33,33 %)
2006 € 400,00 (33,33 %)

Anschaffungswert minus AfA ergibt den **Restbuchwert.** Am Ende der betriebsgewöhnlichen Nutzungsdauer kann Susanna das Gerät natürlich weiter verwenden, es ist nur nicht mehr möglich, dafür einen AfA-Betrag geltend zu machen. Im Anlagenverzeichnis bleibt das Anlagegut mit einem symbolischen Betrag (z. B. 1 Cent) weiter enthalten. Kommt es vor der völligen Abschreibung zu einem Geräteschaden, der nicht mehr zu vertretbaren Kosten behoben werden kann, ist der PC also kaputt, so kann der Restbuchwert in dem betreffenden Jahr abgeschrieben werden.

Achtung: Anlagegüter, die nach dem 30.6. angeschafft werden, dürfen im ersten Jahr nur mit der Hälfte der AfA abgesetzt werden.

Beispiel:

Am 17. Juli 2004 erstand Susanna eine Rollladenschrank-Regal-Kombination zum Preis von € 1.800,00. Die Abschreibungsdauer beträgt 10 Jahre. Die jährliche AfA beträgt daher € 180,00 (10 %). Im ersten Jahr darf nur die Hälfte abgeschrieben werden:

1. Jahr:	2004	€	90,00	(die Hälfte von 10 %, also 5 %)
2. Jahr:	2005	€	180,00	(10 %)
3. Jahr:	2006	€	180,00	(10 %)
4. Jahr:	2007	€	180,00	(10 %)
5. Jahr:	2008	€	180,00	(10 %)
6. Jahr:	2009	€	180,00	(10 %)
7. Jahr:	2010	€	180,00	(10 %)
8. Jahr:	2011	€	180,00	(10 %)
9. Jahr:	2012	€	180,00	(10 %)
10. Jahr:	2013	€	180,00	(10 %)
11. Jahr:	2014	€	90,00	(der Rest, also 5 %)
		€	1.800,00	(100 %)

Ausschlaggebend ist die so genannte betriebsgewöhnliche Nutzungsdauer. Das heißt, es handelt sich um Richtwerte, die in besonderen Fällen auch unterschritten oder auch verlängert werden können.

Beispiel:

Ein Grafiker muss immer mit neuester hochwertiger und entsprechend kostspieliger Bildbearbeitungssoftware arbeiten. Neue Versionen kommen im Abstand von maximal zwei Jahren auf den Markt und um konkurrenzfähig zu bleiben, ist er gezwungen, sie anzuschaffen. Für diese Bildbearbeitungssoftware beträgt die betriebsgewöhnliche Nutzungsdauer demnach 2 Jahre.

AfA – einige Fallbeispiele:

Frage: *Ich habe von einem Bekannten eine gebrauchte Büroausstattung (Schreibtisch, Schränke, Drehstuhl) zum Gesamtpreis von € 2.500,00 erstanden. Wie gehe ich in Sachen AfA vor?*

Antwort: Geschäftseinrichtung stellt grundsätzlich keine Einheit dar. Wird für jeden einzelnen Gegenstand ein Einzelpreis veranschlagt, so können jene Gegenstände mit einem Preis unter € 400,00 als geringwertige Wirtschaftsgüter sofort abgesetzt werden. Gegenstände, die mehr als € 400,00 kosten, sind ins Anlagenverzeichnis aufzunehmen und über die betriebsgewöhnliche Nutzungsdauer abzuschreiben. – Wird der Gesamtpreis jedoch nicht auf die einzelnen Gegenstände aufgeteilt, so ist die gesamte Büroausstattung zu aktivieren und die Anschaffungskosten sind über die planmäßige Nutzungsdauer zu verteilen.

Frage: *Ich kaufte am 27.12. ein neues Faxgerät, bezahlte die Rechnung aber erst am 2.1. des nächsten Jahres. In welchem Jahr darf ich das Faxgerät absetzen?*
Antwort: Falls die Inbetriebnahme noch im alten Jahr erfolgt, kann im alten Jahr eine Halbjahres-AfA berücksichtigt werden. – Sollten der Anschaffungszeitpunkt und der Zeitpunkt der Inbetriebnahme auseinanderfallen, dann ist für die Berechnung der AfA auf den Zeitpunkt der Inbetriebnahme abzustellen. Erfolgt die Inbetriebnahme nicht im Jahr der Anschaffung (z. B. Kauf eines Lastkraftwagens Ende Dezember, Anmeldung Mitte Jänner), kann im Jahr der Anschaffung keine AfA abgesetzt werden. In diesem Fall kann die AfA erst im Jahr der Inbetriebnahme in Anspruch genommen werden. (AfA erst ab Jänner, weil die Anmeldung erst Mitte Jänner erfolgt ist.)

Frage: *Ich möchte meinen PC vor Ablauf der betriebsgewöhnlichen Nutzungsdauer durch einen neuen ersetzen, obwohl der alte Computer noch tadellos läuft. Diesen bekommt mein 12-jähriger Sohn. Wie gehe ich in Sachen AfA vor?*
Antwort: Die Verwendung des alten PC für den Sohn stellt eine Entnahme dar, die mit dem Teilwert zu bewerten ist. Der Teilwert ist als Betriebseinnahme zu versteuern und der Umsatzsteuer zu unterziehen. Der neue PC ist zu aktivieren und über die betriebsgewöhnliche Nutzungsdauer abzuschreiben.

Frage: *Ich habe mir vor drei Jahren für Klientengespräche in meiner Praxis eine hochwertige Sitzgarnitur gekauft. Leider ist der Stoff sehr empfindlich und ich muss den Bezug erneuern lassen. Die Kosten für die Reparatur betragen € 800,00. Wie gehe ich in Sachen AfA vor?*
Antwort: Ein Wirtschaftsgut unterliegt einer einheitlichen Abnutzung. Nicht möglich ist die Verwendung unterschiedlicher AfA-Sätze für sich verschieden schnell abnutzende Teile eines Wirtschaftsgutes. Werden Teile, die sich rascher abnutzen, ausgetauscht, liegt Erhaltungsaufwand vor, der sofort als Ausgabe zu berücksichtigen ist. Die € 800,00 für die Erneuerung des Stoffes sind als Instandhaltungsaufwand sofort absetzbar.

Frage: *Meine Mutter wollte mir zur Gründung meines Home-Office eine Freude machen und hat mir einen ergonomisch hochwertigen Schreibtischsessel im Wert von € 900,00 geschenkt. Wie gehe ich in Sachen AfA vor?*

Antwort: Einlagen sind mit dem Teilwert zum Zeitpunkt der Zuführung anzusetzen, maximal mit den Anschaffungskosten, wenn das eingelegte Wirtschaftsgut – mit Ausnahme von Grundstücken, hier gelten 10 Jahre – innerhalb eines Jahres vor der Einlage angeschafft wurde. Wurde der ergonomisch hochwertige Schreibtischsessel innerhalb eines Jahres vor der Einlage angeschafft, so sind die Anschaffungskosten von € 900,00 zu aktivieren und über die betriebsgewöhnliche Nutzungsdauer abzuschreiben.

4.7 Kreditzinsen und Geldbeschaffungskosten

Kreditzinsen und Geldbeschaffungskosten (Bearbeitungsgebühren, Kreditgebühren, Vermittlungsprovisionen, Notariatskosten etc.) zählen ebenfalls zu den Betriebsausgaben, wenn mit dem Kredit ein Wirtschaftsgut, das der betrieblichen Sphäre zuzuordnen ist, finanziert wird. Wird dieses Wirtschaftsgut später ins Privatvermögen übernommen, so sind die Kreditzinsen ab dem Zeitpunkt der Entnahme nicht mehr als Betriebsausgabe absetzbar.
Die Zinsen sind nicht analog der AfA für dieses Wirtschaftsgut abzurechnen, sondern sie sind zu jenem Zeitpunkt als Betriebsausgabe zu berücksichtigen, zu dem sie anfallen. Geldbeschaffungskosten, die den Betrag von € 900,00 nicht übersteigen, können sofort als Betriebsausgabe angesetzt werden. Übersteigen die Geldbeschaffungskosten die Freigrenze von € 900,00 sind sie über die Laufzeit des Kredites verteilt abzuschreiben.

Die Raten für die Rückzahlung des Kredits sind keine Betriebsausgaben; lediglich die Zinsen und Gebühren für den Kredit wirken sich gewinnmindernd aus! Das Wirtschaftsgut, das Sie mittels Kredit finanziert haben, schreiben Sie über die AfA ab.

4.8 Eigenbelege

Um Betriebseinnahmen und Betriebsausgaben aufzeichnen zu können, muss – wir haben es schon mehrmals betont – ein Beleg vorhanden sein. Manchmal kommt es jedoch vor, dass man Betriebsausgaben tätigt, für die man keinen Beleg vom Empfänger erhält. Dies ist naturgemäß bei Trinkgeldern der Fall. Mit einem so genannten Eigenbeleg können Sie diese Beträge in Ihren Betriebsausgaben abbilden. Diese Möglichkeit sollten Sie allerdings *sehr sparsam* nutzen.
Die gleiche Vorgehensweise bietet sich an, wenn ein Beleg nicht mehr auffindbar ist: Geht eine Eingangsrechnung verloren, können Sie gegebenenfalls beim Aussteller ein Rechnungsduplikat anfordern. Ist dies zeitlich nicht mehr möglich oder steht der Aufwand in keinem sinnvollen Verhältnis zum Rechnungsbetrag, können Sie auch hier einen Eigenbeleg anfertigen.

Der Eigenbeleg muss folgende Angaben enthalten:

- Datum
- Zahlungszweck
- Empfänger der Zahlung
- Adresse des Empfängers
- Betrag

Eigenbelege berechtigen nicht zum Vorsteuerabzug! Bei größeren Rechnungsbeträgen ist es also sinnvoll, sich beim Aussteller um ein Rechnungsdoppel zu bemühen!

5. Das Kraftfahrzeug in der Einnahmen-Ausgaben-Rechnung

Im Zusammenhang mit dem Auto und seiner Nutzung sind mehrere Aspekte für die steuerliche Behandlung von Bedeutung. Da der „fahrbare Untersatz" für viele Einzelunternehmerinnen und -unternehmer einen wesentlichen Kostenfaktor darstellt, aber auch für die Bewältigung des täglichen Geschäftes eine nicht unerhebliche Rolle spielt, gehen wir auf das Thema „Kfz und Steuer" etwas detaillierter ein. Denn gerade bei den Kosten für das Fahrzeug tauchen in der Praxis sehr viele Fragen auf und müssen Entscheidungen bei der Anschaffung und der Finanzierung genau durchdacht werden, um nicht letztlich steuerlich ungünstige Varianten zu wählen.

Welche Fragen stellen sich in Verbindung mit Kraftfahrzeugen?

- Gehört das Kfz zum Betriebsvermögen oder zum Privatvermögen?
- Anschaffung: Ist ein Vorsteuerabzug möglich?
- Bis zu welcher Höhe der Anschaffungskosten kann die Abschreibung für Abnutzung (AfA) geltend gemacht werden?
- Wie wirkt sich Leasing steuerlich aus?
- Wie wirken sich die laufenden Kosten steuerlich aus?

5.1 Betriebsvermögen oder Privatvermögen?

Grundsätzlich wird ein Wirtschaftsgut zur Gänze dem Betriebsvermögen zugerechnet, wenn es für den Betrieb bestimmt ist und auch tatsächlich im Betrieb eingesetzt wird. Wird ein Wirtschaftsgut sowohl im Betrieb als auch im Privatbereich genutzt, so kommt es auf die überwiegende Verwendung an.

> Zum Betriebsvermögen zählt ein Auto dann, wenn die betriebliche Nutzung mehr als 50 % der gefahrenen Kilometer beträgt.

Sämtliche Aufwendungen sind zunächst Betriebsausgaben, die private Nutzung (1 bis 49 %) ist als Nutzungsentnahme zu berücksichtigen. Wird das Auto überwiegend privat genutzt, zählt es zum Privatvermö-

gen. AfA, Reparaturen und Betriebskosten sind im betrieblich genutzten Ausmaß (1 bis 49 %) als Nutzungseinlage zu berücksichtigen.
Aus dem Anteil der betrieblichen Nutzung ergibt sich auch der Anteil der Anschaffungskosten, der als Basis für die Berechnung der AfA dient. Diese Anschaffungskosten können dann über die Nutzungsdauer von 8 Jahren im Rahmen der AfA abgesetzt werden.

Ist die betriebliche und die private Nutzung gleich (jeweils 50 %), steht die Zuordnung zum Betriebsvermögen bzw. zum Privatvermögen in der Wahl des Steuerpflichtigen.

Beispiel:

Susanna fuhr einen kleinen Peugeot. Sie war beruflich viel unterwegs. Die geschätzte private Nutzung des Autos betrug 25 %. Die gesetzlich vorgeschriebene Gesamtnutzungsdauer eines PKW ist 8 Jahre. Als Susanna ihr Einzelunternehmen gründete, war ihr Auto bereits zwei Jahre alt. Wie wird die jährliche AfA in Susannas Fall errechnet?

Susanna hat den Wagen vor 2 Jahren gekauft.
Der Anschaffungspreis betrug € 12.000,00.
Die Gesamtnutzungdauer des PKW beträgt 8 Jahre.

Als Basis für die AfA ist der Teilwert im Zeitpunkt der Einlage heranzuziehen. Angenommen, der Teilwert im Zeitpunkt der Einlage beträgt € 8.400,00, so kann als Betriebsausgabe der auf die Restnutzungsdauer (8 Jahre abzüglich 2 Jahre) verteilte Teilwert angesetzt werden: € 8.400,00 / 6 = € 1.400,00. Die jährliche AfA von € 1.400,00 wird um die Privatnutzung von 25 % korrigiert und als Privatanteil berücksichtigt: € 1.400,00 / 25 * 100 = € 350,00. Die Differenz von € 1.050,00 wird in der Einnahmen-Ausgaben-Rechnung gewinnmindernd berücksichtigt.

5.2 Kosten für das Auto

Unabhängig davon, ob das Auto zum Betriebsvermögen oder zum Privatvermögen zählt, können die Kosten für Treibstoff, Versicherungen, Autobahnvignetten, Reparaturen etc. anteilsmäßig als Betriebsausgaben abgesetzt werden. Die Führung eines Fahrtenbuches ist also auf jeden Fall ratsam, um die tatsächlich betrieblich gefahrenen Kilometer

korrekt zu eruieren bzw. dem Finanzamt nachweisen zu können.
Da der genaue Anteil der privaten Nutzung erst im Nachhinein feststeht, sind die Kosten eines dem Betriebsvermögen zuzurechnenden Autos vorab zur Gänze anzusetzen und ist der Privatanteil am Jahresende in Form einer Korrektur als Einnahme anzusetzen.
Überwiegt die private Nutzung, so können Sie entweder die anteiligen Kosten oder das **pauschale Kilometergeld in der Höhe von € 0,356 pro Kilometer** geltend machen. Mit dem Kilometergeld sind dann alle laufenden Kosten für das Auto berücksichtigt, also auch Service, Wagenwäsche, Parkgebühren, Reparaturen und Mautgebühren.

5.3 Das Kilometergeld

Die gültigen Kilometergeldsätze seit 1.1.2002 (**Achtung:** Es muss tatsächlich mit 3 Kommastellen gerechnet und danach aufgerundet werden!):

PKW	€ 0,356
Kraftrad bis 250 ccm	€ 0,113
Kraftrad über 250 ccm	€ 0,201
Mitfahrer	€ 0,043
Fahrrad für die ersten 5 Kilometer	€ 0,23
Fahrrad ab dem 6. Kilometer	€ 0,47

Bis zu maximal 30.000 Kilometer pro Jahr können als Ausgaben verrechnet werden.

Beispiel: **Kilometergeld-Aufstellung**

Datum	Km-Stand	Fahrtstrecke	Zweck	gefahrene Km
2.6.04	12.345	Mödling – Baden	Kunde A	10
2.6.04	12.355	Baden – Mödling		10
3.6.04	12.365	Mödling – Wr. Neustadt	Kunde Z	35
3.6.04	12.400	Wr. Neustadt – Mödling		35

- Führen Sie das Fahrtenbuch laufend; eine nachträgliche „Rekonstruktion" ist nicht anzuraten und wird vom kundigen Mitarbeiter des Finanzamts gegebenenfalls auch als solche erkannt. Das Fahrtenbuch muss überdies lückenlos geführt sein, Änderungen müssen kenntlich gemacht sein.
- Sammeln Sie Tankrechnungen, Parkscheine, Rechnungen für die

Wagenwäsche etc. auf jeden Fall, auch wenn Sie davon ausgehen, unter der 50-%-Grenze zu bleiben, und die Variante „Kilometergeld" wählen. Stellt sich hinterher heraus, dass doch die betriebliche Nutzung überwiegt, verlieren Sie unter Umständen bares Geld!

5.4 Betriebsausgabe oder Luxus?

Der fahrbare Untersatz ist für viele Menschen nicht nur Mittel zum Zweck, sondern ein Prestigegut mit Imagefaktor. Der Gesetzgeber hat allerdings eine Linie gezogen, die die Betriebsausgabe vom „Luxus" abgrenzt: Diese Grenze heißt **„Luxustangente".** Sie liegt bei € 34.000,00 inkl. USt und Normverbrauchsabgabe (NoVA). Nur bis zu dieser Höhe werden die Anschaffungskosten vom Finanzamt anerkannt und nur bis zu dieser Höhe können Absetzung für Abnutzung (AfA), Versicherung, Reparaturen etc. geltend gemacht werden. Alles, was darüber liegt, ist buchstäblich „Luxus" und wirkt sich bei der Berechnung des Gewinnes nicht mindernd aus, stellt also „Privatvergnügen" dar.

Treibstoffkosten sind jedoch zur Gänze als Betriebsausgabe abzugsfähig, weil nicht davon ausgegangen werden kann, dass der Treibstoffverbrauch bei einem PKW mit Anschaffungskosten über € 34.000,00 überproportional hoch ist.

Beispiel:

Berechnung der AfA für einen PKW mit Anschaffungskosten von € 50.000,00

Anschaffungskosten	€ 50.000,00	100 %
Luxustangente	**€ 34.000,00**	**68 %**
„Luxus"-Anteil	€ 16.000,00	32 %

Von der AfA, den Reparaturen, der Versicherung etc. sind nur 68 % steuerlich abzugsfähig.

Anschaffungskosten, begrenzt mit Luxustangente:	€ 34.000,00
gesetzlich geregelte Nutzungsdauer:	8 Jahre
Berechnung der AfA:	€ 34.000,00 : 8 Jahre
AfA =	€ 4.250,00 pro Jahr

Der „Luxusanteil" von € 16.000,00 kann nicht abgesetzt werden.

5.5 Ist beim Autokauf ein Vorsteuerabzug möglich?

Eine Frage, die Unternehmer häufig beschäftigt und die die Auswahl des Fahrzeugs unter Umständen entscheidend beeinflussen kann: Kann ich die Vorsteuer geltend machen? Es gilt:

- Anschaffungskosten des **PKW** und die laufenden Betriebskosten für das Fahrzeug sind vom Vorsteuerabzug ausgeschlossen.
- Die Anschaffung von **LKW, Kleinbussen und Kleinlastkraftwagen** ist vom Ausschluss des Vorsteuerabzuges **nicht** betroffen.
  - Diese Fahrzeuge sind überdies **nicht** von der **„Luxustangente"** betroffen.
  - Die betriebsgewöhnliche **Nutzungsdauer** dieser Fahrzeuge wird üblicherweise mit **5 Jahren** statt wie bei PKW mit 8 Jahren angesetzt.
  - Bei den laufenden Kosten kann die **Vorsteuer** geltend gemacht werden.

Das Finanzministerium bietet im Internet eine ständig aktualisierte Liste vorsteuerabzugsberechtigter Fahrzeuge: *www.bmf.gv.at/steuern/Umsatzsteuer/Informationen/kfz/*. Auch die Autohändler kennen die Liste und beraten Sie in dieser Hinsicht.

Berechnung der AfA für einen LKW mit Anschaffungskosten von € 60.000,00:

Anschaffungskosten brutto:	€ 60.000,00 inkl. 20 % USt
Vorsteuerabzug	€ 10.000,00
Anschaffungskosten netto:	€ 50.000,00

AfA:

Anschaffungskosten:	€ 50.000,00
Nutzungsdauer:	5 Jahre
Berechnung der AfA:	€ 50.000,00 : 5 Jahre
AfA =	**€ 10.000,00 pro Jahr**

Ob Sie sich aus steuerlichen Gründen für einen Minivan oder einen Kleinbus entscheiden, ist dann vielleicht einfach zu entscheiden, wenn Sie neben der beruflichen Nutzung gelegentlich eine „Familienkutsche" brauchen. Wenn Ihr Herz allerdings für eine elegante Limousine schlägt und diese auch besser zu Ihrem Unternehmensimage passen würde als ein Klein-LKW, dann werden Sie mit der vorsteueroptimierten Lösung trotz des finanziellen Anreizes vielleicht nicht sehr glücklich werden. Überlegen Sie also gut, welches Kfz für Sie und Ihre spezielle Situation wirklich gut passt und womit Sie im wahrsten Sinne des Wortes „besser" fahren.

5.6 Leasing

Die Finanzierungsform Leasing ist eine beliebte und gebräuchliche Methode zur Beschaffung des fahrbaren Untersatzes. Die Vorteile für Unternehmer: Sie binden kein Kapital, haben immer eine Option auf einen Neuwagen und die Leasingraten können – unter Berücksichtigung des Privatanteils – als Betriebsausgabe abgesetzt werden. Die bereits beschriebene Luxustangente gilt allerdings auch für geleaste PKW und Kombis. Bei Fahrzeugen, die auf der Liste des Finanzministeriums stehen, kann die Vorsteuer in Abzug gebracht werden; hier kommt auch die Luxustangente nicht zum Tragen.
Beim Leasing ist allerdings in der Einnahmen-Ausgaben-Rechnung einiges zu beachten, denn der Gesetzgeber trachtet danach, die Leasingnehmer den Käufern gleichzustellen. Zwei Punkte sind daher besonders relevant: die Berücksichtigung der Anzahlung und der so genannte Aktivposten.

Anzahlung oder Depot?

Meist wird beim Leasing zu Beginn ein größerer Geldbetrag gefordert. Handelt es sich bei dieser Zahlung um ein Depot, das am Ende der Vertragsfrist wieder zurückbezahlt wird, ist „nichts zu tun". Die Depotzahlung ist ein Durchlaufposten und wirkt sich nicht gewinnmindernd aus. Findet die Zahlung zu Leasingbeginn als aufzehrendes Depot ihren Niederschlag, verringert sie also die Leasingraten, dann handelt es sich um eine echte Anzahlung. Die Anzahlung muss aktiviert und über die Laufzeit des Leasingvertrages verteilt abgesetzt werden. Das heißt, die Anzahlung ist über die restlichen Monate des Leasingvertrages aufgeteilt Betriebsausgabe.

Der Aktivposten

Wir haben gesehen, dass für Personenkraftwagen und Kombinationskraftwagen per Gesetz eine Mindestnutzungsdauer von 8 Jahren vorgegeben wird. Die Anschaffungskosten sind folglich über 8 Jahre mit 12,5 % pro Jahr im Wege der Abschreibung für Abnutzung (AfA) abzusetzen (12,5 % x 8 = 100 %). Nur bei Ausscheiden des Personenkraftwagens oder Kombinationskraftwagens ist eine höhere Absetzung zulässig: Der Restbuchwert wird dann als Ausgabe angesetzt.

In der Regel ist die Nutzungsdauer des Fahrzeugs mit 8 Jahren länger als die vereinbarte Leasingdauer. In den Leasingraten ist die AfA aufgrund der Laufzeit des Leasingvertrages inkludiert. Dennoch ist die AfA für 8 Jahre anzusetzen, und nicht für die – oft wesentlich kürzere – Leasingdauer. Der Gesetzgeber verhindert die Umgehung der Mindestnutzungsdauer für PKW und Kombinationskraftwagen durch die Korrektur mit dem so genannten Aktivposten.
Der Aktivposten ist der *Differenzbetrag* zwischen den in den Leasingraten enthaltenen anteiligen Anschaffungskosten und der Abschreibung auf Grundlage der Mindestnutzungsdauer von 8 Jahren. Durch den Aktivposten wird der Leasingnehmer hinsichtlich der AfA dem Käufer eines Personenkraftwagens oder Kombinationskraftwagens gleichgestellt.
Der Aktivposten begrenzt die in der Leasingrate steckenden Anschaffungskosten insoweit, als sie der Abschreibung der Anschaffungskosten des Personenkraftwagens oder Kombinationskraftwagens auf Grundlage der Mindestnutzungsdauer von 8 Jahren entsprechen. Während der Laufzeit des Leasingvertrages wird der Aktivposten gebildet und laufend aufgestockt.
Für die in den Leasingraten enthaltenen anteiligen Anschaffungskosten sind neben den gesamten Anschaffungskosten des Leasinggebers auch die Laufzeit und der Restwert, zu dem der Leasingnehmer den Personenkraftwagen oder Kombinationskraftwagen nach Ende der Laufzeit erwerben kann, von Bedeutung.

Der Aktivposten errechnet sich wie folgt:

	Gesamte Anschaffungskosten
–	Restwert
=	auf die gesamte Laufzeit entfallende Anschaffungskosten
:	Jahre der Laufzeit
=	auf ein Jahr entfallende Anschaffungskosten
–	gesetzliche Abschreibung auf Grundlage der Mindestnutzungsdauer
=	Höhe des Aktivpostens

Beispiel: Berechnung des Aktivpostens

Ausgangsdaten:

PKW-Leasing, Leasingbeginn:	1.1.2004
Laufzeit:	36 Monate
Anschaffungskosten:	€ 24.000,00
Restwert am 31.12.2006:	€ 9.600,00
monatliche Rate:	€ 510,00
jährliche Rate:	€ 6.120,00

Berechnung des Aktivpostens

Anschaffungskosten	€	24.000,00
– Restwert	– €	9.600,00
auf die Laufzeit entfallende Anschaffungskosten	€	**14.400,00**
: Laufzeit von 3 Jahren		
= auf ein Jahr entfallende Anschaffungskosten	€	**4.800,00**
gesetzliche Abschreibung auf Grundlage der Mindestnutzungsdauer € 24.000,00/8 Jahre	€	**3.000,00**
Aktivposten 2004 daher	€	**1.800,00**

Den Leasingraten in der Höhe von € **6.120,00** für das Gesamtjahr steht ein Aktivposten in der Höhe von € **1.800,00** gegenüber. Das heißt: die Gewinnminderung durch die in den Leasingraten enthaltenen Anschaffungskosten wäre mit € 4.800,00 höher als durch die mögliche AfA von € 3.000,00. Die Differenz zwischen den in den Leasingraten enthaltenen Anschaffungskosten und der steuerlich zulässigen Abschreibung beträgt € 1.800,00. Dieser Betrag wird von den 6.120,00 abgezogen. **Der gesamte Jahresaufwand beträgt daher € 4.320,00 – nur dieser Betrag wirkt sich auf das Ergebnis (gewinnmindernd) aus.**

Kauft der Leasingnehmer nach Ende der Laufzeit den Personenkraftwagen oder Kombinationskraftwagen, wird der Aktivposten gemeinsam mit dem Restwert (= Kaufpreis) aktiviert und auf die Restnutzungsdauer abgeschrieben. Wird der Personenkraftwagen oder Kombinationskraftwagen am Ende der Laufzeit des Leasingvertrages zurückgegeben, wird der Aktivposten zur Gänze aufwandswirksam abgesetzt.

„Negativer" Aktivposten

Bei Leasingverträgen, die kurz vor Ende der ersten Jahreshälfte oder kurz vor Ende des Jahres abgeschlossen werden, kann es zu einem „negativen" Aktivposten kommen. Das deshalb, weil in diesen Fällen der Leasingaufwand geringer als die steuerlich zulässige Abschreibung ist. Während die Leasingraten nach monatlicher Nutzung berechnet werden, werden die Anschaffungskosten steuerlich über die Ganzjahres-Abschreibung oder die Halbjahres-Abschreibung abgesetzt.

Beispiel: Berechnung des „negativen Aktivpostens"

Ausgangsdaten:

PKW-Leasing, Leasingbeginn:	1.12.2004
Laufzeit:	36 Monate
Anschaffungskosten:	€ 24.000,00
Restwert am 30.11.2007:	€ 9.600,00
monatliche Rate:	€ 510,00

Berechnung des „negativen Aktivpostens"

Anschaffungskosten	€	24.000,00
– Restwert	– €	9.600,00
auf die Laufzeit entfallende Anschaffungskosten	€	14.400,00
: Laufzeit von 3 Jahren		
= auf ein Jahr entfallende Anschaffungskosten	€	4.800,00
: 12 Monate		
= auf einen Monat entfallende Anschaffungskosten	**€**	**400,00**
gesetzliche Abschreibung auf Grundlage der Mindestnutzungsdauer € 24.000,00/8/2	**€**	**1.500,00**
Negativer Aktivposten 2004	**€**	**1.100,00**

Aufgrund des Beginns des Leasings am 1.12.2004 ist im Jahr 2004 nur noch eine Leasingrate (€ 510,00) fällig. Die gesetzliche AfA würde für dieses Jahr die Hälfte des Jahresbetrages, also € 1.500,00 betragen. Die in der Leasingrate von € 510,00 enthaltenen Anschaffungskosten betragen € 400,00. Der negative Aktivposten beträgt daher € 1.100,00 und wird als Betriebsausgabe berücksichtigt.
Das heißt, der Leasingnehmer ist dem Käufer steuerlich insofern wieder gleichgestellt, als sowohl beim Leasingnehmer durch den negativen Aktivposten von € 1.100,00 sowie durch die in der Leasingrate enthaltene AfA von € 400,00 als auch beim Käufer € 1.500,00 steuerlich wirksam werden, sich also gewinnmindernd auswirken.

Die Rechnung mag auf den ersten Blick kompliziert erscheinen, sie ist aber nachvollziehbar, wenn die in den Leasingraten enthaltenen Finanzierungskosten (Zinsen und Gebühren) außer Acht gelassen werden und man lediglich die Anteile der Anschaffungskosten heranzieht. Der Aktivposten ist demnach immer die Differenz zwischen den mit den Leasingraten bezahlten Anschaffungskosten und der gesetzlichen AfA.

Fahrzeug und Steuer – das Wesentliche in Kürze

- Der Anteil der betrieblichen bzw. privaten Nutzung des Personen- oder Kombinationskraftwagens ist durch Aufzeichnungen im Fahrtenbuch festzustellen.
- Überwiegt die betriebliche Nutzung (mehr als 50 %), gilt das Auto als Betriebsvermögen und kann über die gesetzliche Nutzungsdauer von 8 Jahren abgesetzt werden. Alle Kosten für den PKW oder Kombi können unter Abzug des Privatanteils abgesetzt werden.
- Beträgt der Privatanteil mehr als 50 %, können die tatsächlichen Kosten (Belege!) angesetzt werden. Alternativ kann für die betriebliche Nutzung Kilometergeld verrechnet werden (€ 0,356 pro Kilometer).
- Ein Vorsteuerabzug ist bei den Kosten für PKW und Kombi nicht möglich.
- Anschaffungskosten über € 34.000,00 (inkl. USt und NoVA) können nicht abgesetzt werden (Luxustangente).
- Vorsteuer kann allerdings beim Kauf jener Fahrzeuge geltend gemacht werden, die auf der Liste des Finanzministeriums als vorsteuerabzugsberechtigt vermerkt sind. Für diese Fahrzeuge gilt die Luxustangente nicht. Der Vorsteuerabzug kann bei diesen Fahrzeugen auch für alle mit der Nutzung verbundenen Kosten geltend gemacht werden.
- Beim Leasing von Personen- oder Kombinationskraftwagen ist der Aktivposten zu berücksichtigen.

6. Die Umsatzsteuer

Der Umsatz von Waren und Dienstleistungen ist mit einer Steuer belastet, die der Endverbraucher zu tragen hat, der Umsatzsteuer. Für den Unternehmer, der diese Waren herstellt bzw. die Dienstleistungen anbietet, gilt, dass er diese Umsatzsteuer, die er dem Kunden in Rechnung stellt und von diesem erhält, an das Finanzamt abführen muss. Bezieht er selbst Waren und Dienstleistungen in seiner Funktion als Unternehmer von einem anderen Unternehmer, kann er die dafür in einer Rechnung ausgewiesene und bezahlte Umsatzsteuer (= in diesem Fall „Vorsteuer") von der von ihm an Kunden in Rechnung gestellten und an ihn bezahlten Umsatzsteuer abziehen (= Vorsteuerabzug); an das Finanzamt wird dann lediglich die Differenz zwischen Umsatzsteuer und Vorsteuer abgeliefert. Private Anschaffungen und Einkäufe sind allerdings vom Vorsteuerabzug ausgenommen, es muss sich nachweislich um *betriebliche Ausgaben* handeln. Erfolgen Lieferungen und sonstige Leistungen sowohl für private als auch für betriebliche Zwecke, muss der betriebliche Anteil zumindest 10 % ausmachen, um die Vorsteuerbeträge anteilig abziehen zu können.

6.1 Welche Bestandteile muss eine Rechnung aufweisen?

- Name und Adresse des liefernden oder leistenden Unternehmers
- Name und Adresse des Empfängers
- Menge und Bezeichnung der Gegenstände bzw. Art und Umfang der Leistung
- Tag bzw. Zeitraum der Lieferung oder sonstigen Leistung
- Entgelt und Steuersatz
- Steuerbetrag
- Ausstellungsdatum der Rechnung
- Fortlaufende Nummer
- UID-Nummer

Bei Kleinbetragsrechnungen, das sind Rechnungen, deren Gesamtbetrag € 150,00 nicht übersteigt, sind neben dem Ausstellungsdatum der Rechnung folgende Angaben zu machen:

- Name und Adresse des liefernden oder leistenden Unternehmers
- Menge und Bezeichnung der Gegenstände bzw. Art und Umfang der Leistung
- Tag bzw. Zeitraum der Lieferung oder sonstigen Leistung
- Entgelt und Steuerbetrag in einer Summe
- Steuersatz

6.2 Das Unternehmen im Dienste des Finanzministers

Die Ablieferung der Umsatzsteuer an das Finanzamt ist eine wichtige unternehmerische Aufgabe, die vom Gesetzgeber auch sehr detailliert geregelt ist. Ein nachlässiger Umgang mit dieser Verpflichtung kann zu unangenehmen Konsequenzen führen (Nachzahlungen, Schätzungen, Säumniszuschläge, Steuerprüfung, Strafen). Und: ein nachlässiger Umgang schadet auch der eigenen Geldbörse.
Gerade beim Start des Unternehmens, wenn das Büro ausgestattet wird und in Möbel, PC, Büromaterial etc. investiert wird, die Aufträge aber noch nicht so regelmäßig erteilt werden, kommt es durch den Vorsteuerabzug oft zu einem Überschuss der Vorsteuer über die Umsatzsteuer, d. h. zu einem Guthaben der Unternehmerin oder des Unternehmers gegenüber dem Finanzamt. Dieses Guthaben wird auf Antrag – gegebenenfalls mit Vorlage der Rechnungen mit Vorsteuer – auch wirklich vom Finanzamt ausbezahlt und das in der Regel prompt. Das Thema Umsatzsteuer ist also eines, mit dem Sie sich schon früh in Ihrer Unternehmerlaufbahn eingehend befassen sollten.

Die Grundlagen

Das Umsatzsteuergesetz verpflichtet Unternehmer zur Abgabe von Umsatzsteuervoranmeldungen (UVA), der jährlichen Umsatzsteuererklärung und zur Zahlung der Umsatzsteuer an das Finanzamt.

- In Österreich gilt der **Normalsteuersatz** von 20 % und der **ermäßigte Steuersatz** von 10 %. (Weitere Steuersätze sind 12 % und 16 %, die aber nur in ganz speziellen Fällen zum Tragen kommen und die für unsere Ausführungen nicht von Bedeutung sind.)
  Der ermäßigte Steuersatz gilt z. B. für die Vermietung von Grundstücken (Grundstücke im steuerlichen Sinn sind Häuser und Wohnungen) für Wohnzwecke, die Beherbergung in eingerichteten Wohn- und Schlafräumen (Hotels), die Abgabe von Speisen im Rahmen einer sonstigen Leistung (Restaurationsumsätze), die Liefe-

rung von bestimmten Gegenständen/Waren wie z. B. Fleisch, Fische, Milch, Gemüse, Mehl, Grieß, Zucker, Zubereitungen aus Fleisch, Fischen, Milch, Gemüse, Mehl und anderen Lebensmitteln, Blumen, Holz, Bücher, Zeitungen etc.

- Umsatzsteuerpflichtig sind **gewerbliche oder berufliche Tätigkeiten**, die selbstständig ausgeübt werden (Unternehmer). Darunter wird jede nachhaltige Tätigkeit verstanden, die der Erzielung von Einnahmen dient. Genauer: Lieferungen, sonstige Leistungen und der Eigenverbrauch.

- Kleinunternehmer sind Unternehmer, deren Umsätze im Kalenderjahr € 22.000,00 nicht übersteigen. Die Umsätze der Kleinunternehmer sind „unecht steuerbefreit". Das bedeutet, dass der Kleinunternehmer keine Umsatzsteuer in Rechnung stellt, sich aber auch keine Vorsteuer abziehen darf.

- Kleinunternehmer, deren Umsätze € 7.500,00 nicht übersteigen, sind von der Verpflichtung zur Abgabe einer Umsatzsteuererklärung befreit.

- Grundsätzlich erfolgt die Besteuerung nach vereinbarten Entgelten (Soll-Besteuerung). Die Besteuerung nach vereinnahmten Entgelten (Ist-Besteuerung) ist in bestimmten, im Umsatzsteuergesetz aufgezählten Fällen vorgesehen: Neben Unternehmern, die eine freiberufliche Tätigkeit ausüben, haben nichtbuchführungspflichtige Land- und Forstwirte und Gewerbetreibende sowie Unternehmer mit niedrigem Gesamtumsatz die Umsatzsteuer nach vereinnahmten Entgelten (Ist-Besteuerung) zu berechnen. Der Einnahmen-Ausgaben-Rechner ermittelt die Umsatzsteuer nach der Methode der **Ist-Besteuerung**. Das heißt, die Umsätze sind mit deren Zufluss, also der wirtschaftlichen Verfügungsmöglichkeit zu versteuern. Die Steuerschuld entsteht folglich mit Ablauf des Monats, in dem die Einnahme getätigt wurde. (Bei der Soll-Besteuerung würde die Umsatzsteuerschuld am Ende des Monats entstehen, in dem die Leistung erbracht wurde, unabhängig davon, ob der Rechnungsbetrag schon auf dem Konto eingelangt ist.)

- **Fällig** ist die Steuer **am 15. des auf den Voranmeldungszeitraum (Kalendermonat) zweitfolgenden Monats**; dann ist die Umsatzsteuerzahllast (Umsatzsteuer abzüglich Vorsteuer) an das Finanzamt zu bezahlen. Die Umsatzsteuer für den Jänner ist also am

15. März zu überweisen; die Umsatzsteuer für den Dezember am 15. Februar des nächsten Jahres. Ergibt sich in einem Monat ein Überschuss (die abziehbaren Vorsteuern übersteigen die Umsatzsteuern), ist an das Finanzamt eine Umsatzsteuervoranmeldung (Formular *U30*) zu übermitteln. Ein solches Formular ist nicht nur im Falle eines Überschusses, sondern für **jeden** Voranmeldungszeitraum grundsätzlich elektronisch abzugeben, wenn der Vorjahresumsatz € 100.000,00 überstiegen hat.

- Für jene Unternehmer, die im Vorjahr unter der Umsatzgrenze von € 22.000,00 geblieben sind, gilt das **Kalendervierteljahr** als Voranmeldungszeitraum. Fällig sind die Umsatzsteuern am:
  - 15. Mai für das erste Quartal
  - 16. August für das zweite Quartal (Hinweis: 15.8. ist immer ein Feiertag, es gilt der nächste Werktag)
  - 15. November für das dritte Quartal
  - 15. Februar/Folgejahr für das vierte Quartal

6.3 Die Umsatzsteuervoranmeldung (UVA)

Die Voranmeldung hat mit dem Formular *U30* zu erfolgen. Dieses ist auszufüllen und bei den Aufzeichnungen *abzulegen*. Bei einer Vorauszahlung ist der fällige Betrag an das Finanzamt zu überweisen:

Beispiel: Umsatzsteuer-zahllast	Monat Jänner 2005	
	Umsatz netto € 2.000,00 – 20 % USt	€ 400,00
	Vorsteuer	– € 300,00
	Umsatzsteuerzahllast	**€ 100,00**

Abbildung U30 – Umsatzsteuervoranmeldung
www.bmf.gv.at/service/formulare/steuern/
Seite 1

FINANZ*Online* - Hotline: 0810 / 22 11 00

An das Finanzamt	Steuernummer	Referat
Wien 9/18/19	*555 / 3333*	
	Eingangsvermerk des Finanzamtes	
	FINANZ*Online*, das neue Service für Sie!	

NEU
Mehr dazu im Formular U 31!

IHRE VORANMELDUNG KÖNNEN SIE AUCH ÜBER INTERNET EINREICHEN!
FINANZ*Online* - Hotline: 0810 / 22 11 00
Steuerliche Informationen finden Sie in den Umsatzsteuerrichtlinien 2000 (www.bmf.gv.at, Steuern, Richtlinien Steuerrecht) oder erhalten Sie bei Ihrem Finanzamt.

Zutreffendes bitte ankreuzen ☒ !

Umsatzsteuervoranmeldung

für den Kalendermonat	für das Kalendervierteljahr	Jahr
Jänner		*2005*

Unternehmer (Name, Anschrift, Telefonnummer)
Susanna M...

Berechnung der Umsatzsteuer:		Bemessungsgrundlage 1) Beträge in Euro und Cent
Lieferungen, sonstige Leistungen und Eigenverbrauch: a) Gesamtbetrag der Bemessungsgrundlage für Lieferungen und sonstige Leistungen (ohne dem nachstehend angeführten Eigenverbrauch) einschließlich Anzahlungen (jeweils ohne Umsatzsteuer)	000	*2.000,00*
b) zuzüglich Eigenverbrauch (§ 1 Abs. 1 Z 2, § 3 Abs. 2 und § 3a Abs. 1a)	001	+
c) abzüglich Umsätze, für die die Steuerschuld gemäß § 19 Abs. 1 zweiter Satz sowie gemäß § 19 Abs. 1a (Bauleistungen einschließlich Anzahlungen) auf den Leistungsempfänger übergegangen ist.	021	
SUMME		*2.000,00*
Davon steuerfrei MIT Vorsteuerabzug gemäß a) § 6 Abs. 1 Z 1 iVm § 7 (Ausfuhrlieferungen)	011	
... Abs. 1 Z ... Umsätze ...		
Gesamtbetrag der steuerpflichtigen Lieferungen, sonstigen Leistungen und Eigenverbrauch (einschließlich steuerpflichtiger Anzahlungen)		*2.000,00*

		Bemessungsgrundlage	Umsatzsteuer
Davon sind zu versteuern mit: 20% Normalsteuersatz	022	*2.000,00*	*400,00*
10% ermäßigter Steuersatz	029		+
12% für Weinumsätze durch landwirtschaftliche Betriebe	025		+
16% für Jungholz und Mittelberg	035		+
10% Zusatzsteuer für pauschalierte Landwirte	052		+
8% Zusatzsteuer für pauschalierte Landwirte	038		+
ÜBERTRAG			*400,00*

www.bmf.gv.at

1) Minusvorzeichen sind, soweit nicht vorgedruckt, beim Ausfüllen einzusetzen.

U 30 Bundesministerium für Finanzen

Abbildung Zahlschein für die Zahlung der Umsatzsteuer Jänner 2005

DVR 0009075

P.S.K.

ERLAGSCHEIN - INLAND

Kontonummer EmpfängerIn	BLZ	Steuernummer		
05504075	60000	555 / 3333		

EUR — Betrag: Euro 100 Cent 00

EmpfängerIn **Finanzamt**
Wien 9/18/19 Klosterneuburg

Zeitraum	Monat — Monat	Jahr
	01	05

Abgabenart	Betrag	Euro	Cent
U		100	00
Abgabenart	Betrag	Euro	Cent

Zeitraum — Monat — Monat — Jahr

Abgabenart	Betrag	Euro	Cent
Abgabenart	Betrag	Euro	Cent
Abgabenart	Betrag	Euro	Cent
Abgabenart	Betrag	Euro	Cent
Abgabenart	Betrag	Euro	Cent

Unterschrift AuftraggeberIn - bei Verwendung als Überweisungsauftrag

Kontonummer AuftraggeberIn | BLZ-Auftragg./Bankverm.

AuftraggeberIn/EinzahlerIn - Name und Anschrift **FA 07**
Susanna M...
Steuerweg 13
3333 St. Steuerdorf

Abbildung U30 – Umsatzsteuervoranmeldung
www.bmf.gv.at/service/formulare/steuern/
Seite 2

Steuernummer 555/3333

	Kennzahl	Bemessungsgrundlage	Betrag
ÜBERTRAG			*400,00*
Weiters zu versteuern: Steuerschuld gemäß § 11 Abs. 12 und 14, § 16 Abs. 2 sowie gemäß Art. 7 Abs. 4	056		
Steuerschuld gemäß § 19 Abs. 1 zweiter Satz sowie gemäß Art. 25 Abs. 5	057		
Steuerschuld gemäß § 19 Abs. 1a (Bauleistungen)	048		
Innergemeinschaftliche Erwerbe:		Bemessungsgrundlage	
Gesamtbetrag der Bemessungsgrundlagen für innergemeinschaftliche Erwerbe	070		
Davon steuerfrei gemäß Art. 6 Abs. 2	071		
Gesamtbetrag der steuerpflichtigen innergemeinschaftlichen Erwerbe			
Davon sind zu versteuern mit: 20% Normalsteuersatz	072		+
10% ermäßigter Steuersatz	073		+
16% für Jungholz und Mittelberg	075		+
Nicht zu versteuernde Erwerbe: Erwerbe gemäß Art. 3 Abs. 8 zweiter Satz, die im Mitgliedstaat des Bestimmungslandes besteuert worden sind	076		
Erwerbe gemäß Art. 3 Abs. 8 zweiter Satz, die gemäß Art. 25 Abs. 2 im Inland als besteuert gelten	077		
Berechnung der abziehbaren Vorsteuer: Gesamtbetrag der Vorsteuern (ohne die nachstehend gesondert anzuführenden Beträge)	060		*-300,00*
Vorsteuern betreffend die entrichtete Einfuhrumsatzsteuer (§ 12 Abs. 1 Z 2 lit. a)	061		
Vorsteuern betreffend die geschuldete, auf dem Abgabenkonto verbuchte Einfuhrumsatzsteuer (§ 12 Abs. 1 Z 2 lit. b)	083		
Vorsteuern aus dem innergemeinschaftlichen Erwerb	065		
Vorsteuern betreffend die Steuerschuld gemäß § 19 Abs. 1 zweiter Satz sowie gemäß Art. 25 Abs. 5	066		
Vorsteuern betreffend die Steuerschuld gemäß § 19 Abs. 1a (Bauleistungen)	082		
Vorsteuern gemäß § 12 Abs. 16 und Vorsteuern für innergemeinschaftliche Lieferungen neuer Fahrzeuge von Fahrzeuglieferern gemäß Art. 2	064		
Davon gemäß § 12 Abs. 3 iVm Abs. 4 und 5	062		+
Berichtigung gemäß § 12 Abs. 10 und 11	063		
Berichtigung gemäß § 16	067		
Gesamtbetrag der abziehbaren Vorsteuer			*-300,00*
Sonstige Berichtigungen:	090		
[x] **Vorauszahlung** (Zahllast) [ ] **Überschuss** (Gutschrift)	095		*100,00*

[ ] Ich beantrage die Verwendung des unter der Kennzahl **095** ausgewiesenen Überschusses zur Abdeckung von Abgaben.

[ ] Ich übermittle Rechnungen (Kopien von Rechnungen).

Ich versichere, dass ich die vorstehenden Angaben nach bestem Wissen und Gewissen **richtig** und **vollständig** gemacht habe.

Steuerliche Vertretung (Name, Anschrift, Telefon/Telefaxnummer)

Datum, Unterschrift bzw. firmenmäßige Zeichnung

U 30 - Seite 2

Der vorliegenden Umsatzsteuervoranmeldung liegt das Umsatzsteuergesetz 1994 in der ab 2004 gültigen Fassung zugrunde. Für weitere Informationen (auch über steuerliche Bestimmungen der Vorjahre) stehen Ihnen die Bediensteten Ihres zuständigen Finanzamtes gerne zur Verfügung.

In folgenden Fällen reicht es nicht aus, das Formular abzulegen, sondern es muss beim Finanzamt spätestens am 15. Tag des auf den Voranmeldungszeitraum zweitfolgenden Kalendermonates elektronisch eingereicht werden:

- wenn der Vorjahresumsatz € 100.000,00 überstieg;
- wenn Sie durch das Finanzamt zur Abgabe der UVA verpflichtet wurden; das kann z. B. der Fall sein, wenn der Unternehmer seine Vorauszahlungen nicht vorschriftsmäßig, das heißt nicht in richtig errechneter Höhe zur Gänze bis zum Fälligkeitstag entrichtet;
- wenn sich ein Überschuss ergibt, also die Vorsteuer höher ist als die Umsatzsteuer, die abzuliefern wäre, sprich: wenn das Finanzamt Ihnen etwas schuldet.

Beispiel: Umsatzsteuergutschrift

Monat Jänner 2005	
Umsatz netto € 1.000,00 – 20 % USt	€ 200,00
Vorsteuer	– € 300,00
Umsatzsteuergutschrift	**€ 100,00**

Die Voranmeldung hat über FINANZOnline zu erfolgen, außer, die elektronische Übermittlung ist aus technischen Gründen unzumutbar, weil z. B. kein Internetanschluss verfügbar ist. Da dieser aus dem Geschäftsleben heutzutage schon kaum mehr wegzudenken ist, gehen auch wir davon aus, dass die elektronische Übermittlung als Standard zu sehen ist. Prinzipiell aber gilt: besser eine Übermittlung auf Papier als gar keine Voranmeldung! (Wir werden ab Seite 80 die Abgabe der elektronischen Steuererklärung noch näher erläutern.)

6.4 Die „Kleinunternehmerregelung"

Wir haben schon erwähnt, dass bis zu einem Umsatz von € 22.000,00 netto diese Umsätze grundsätzlich *unecht steuerbefreit* sind. Das bedeutet, dass von den Umsätzen keine Umsatzsteuer berechnet wird und in den Rechnungen des Kleinunternehmers auch keine Umsatzsteuer ausgewiesen werden darf. Die Vorsteuer kann dann allerdings auch nicht geltend gemacht werden. Daher ist es wichtig, sich die Entscheidung für oder gegen die Kleinunternehmerregelung sehr genau zu überlegen.

Der Unternehmer kann nämlich gegenüber dem Finanzamt schriftlich erklären, dass er auf die Anwendung der Kleinunternehmerregelung verzichtet („Antrag auf Regelbesteuerung", Formular *U12*). Diese Erklärung bindet den Unternehmer für mindestens fünf Jahre. Der Unter-

Abbildung U12 – Erklärung gem. § 6 Abs. 3 Umsatzsteuergesetz 1994 (Verzicht auf die Steuerbefreiung für Kleinunternehmer)
www.bmf.gv.at/service/formulare/steuern/

Steuernummer (bitte bei allen Eingaben anführen)	Referat

An das Finanzamt

Eingangsvermerk des Finanzamtes

Erklärung gemäß § 6 Abs. 3 Umsatzsteuergesetz 1994 (UStG)
(Verzicht auf die Steuerbefreiung für Kleinunternehmer)

Unternehmerin/Unternehmer

Name bzw. Firmenbezeichnung

Ort der Leitung des Unternehmens

Ich verzichte auf die Steuerbefreiung gemäß § 6 Abs. 1 Z 27 UStG 1994 ab dem Kalenderjahr

Ich werde meine Umsätze nach den allgemeinen Bestimmungen des UStG 1994 versteuern.

Datum, Unterschrift bzw. firmenmäßige Zeichnung

Erläuterungen:

Für Unternehmer, deren Nettoumsätze im Kalenderjahr 22.000 Euro nicht übersteigen, kommt die **Steuerbefreiung** für Kleinunternehmer (§ 6 Abs. 1 Z 27 UStG 1994) zur Anwendung. Diese Grenze kann einmal innerhalb von 5 Jahren um höchstens 15% (somit um 3.300 Euro) überschritten werden.
Diese Unternehmer brauchen keine Umsatzsteuer an das Finanzamt abzuführen; sie dürfen aber in von ihnen ausgestellten Rechnungen auch keine Umsatzsteuer ausweisen. Weiters ist für diese Unternehmer der Vorsteuerabzug nicht zulässig.

Der Unternehmer kann jedoch gemäß § 6 Abs. 3 UStG 1994 **bis zur Rechtskraft** des (Veranlagungs-)Bescheides gegenüber dem Finanzamt schriftlich erklären, dass er auf die Steuerbefreiung verzichtet und die Umsätze nach den allgemeinen Vorschriften des UStG 1994 versteuert. Die Erklärung kann mit der vorliegenden Drucksorte oder in anderer Form (jedoch jedenfalls schriftlich) erfolgen. Mit dieser Erklärung steht dem Unternehmer nach Maßgabe des § 12 UStG 1994 auch das Recht auf Vorsteuerabzug zu. **Die Erklärung bindet den Unternehmer mindestens für fünf Kalenderjahre.** Möchte der Kleinunternehmer nach Ablauf dieser Frist wieder auf die Steuerbefreiung übergehen, so muss er die Verzichtserklärung ausdrücklich widerrufen. Der Widerruf ist nur mit Wirkung vom Beginn eines Kalenderjahres an möglich und muss bis spätestens 31. Jänner dieses Kalenderjahres eingebracht werden. Ansonsten gilt der Verzicht auf die Steuerbefreiung auch nach Ablauf der fünf Jahre weiter.

http://www.bmf.gv.at

U 12 Bundesministerium für Finanzen

nehmer „verustet" seine Umsätze, kann sich jedoch auch Vorsteuer abziehen. Gerade in Zeiten höherer Investitionen, zum Beispiel beim Start Ihres Unternehmens, kann der Verzicht auf den Vorsteuerabzug schmerzvoll sein, denn: Sie verzichten unter Umständen auf die Rückzahlung erklecklicher „Sümmchen".
Entscheiden Sie sich aber nicht nur aufgrund des Vorsteuerabzuges für die Möglichkeit, Ihre Umsätze nach den allgemeinen Bestimmungen des Umsatzsteuergesetzes zu versteuern, sondern denken Sie auch

nach vorne. Wie wird sich Ihr Umsatz und Ihr Investitionsverhalten entwickeln, wann planen Sie größere Anschaffungen (zum Beispiel ein betrieblich genutztes Auto, das auf der Liste der zum Vorsteuerabzug berechtigten Fahrzeuge steht)?

Wichtig:

Sie sind fünf Jahre an die Regelbesteuerung gebunden, können sich also nicht einfach im nächsten Jahr wieder anders entscheiden!

6.5 Pauschalierung

Unternehmerinnen und Unternehmern, deren Jahresumsatz des vorangegangenen Jahres unter € 220.000,00 geblieben ist, steht die Variante der Umsatzsteuerpauschalierung zur Verfügung. Genauer gesagt handelt es sich um eine Vorsteuerpauschalierung. Sie können pauschal 1,8 % Ihres Gesamtumsatzes als Vorsteuer abziehen, allerdings mit einem Limit von € 3.960,00. *Zusätzlich* können Vorsteuerbeträge von abnutzbaren Wirtschaftsgütern des Anlagevermögens, deren Anschaffungskosten € 1.100,00 übersteigen, abgezogen werden. Weiters sind Vorsteuern für Lieferungen von Waren, Rohstoffen, Halberzeugnissen und Hilfsstoffen, die in das Wareneingangsbuch einzutragen sind, sowie Vorsteuern für Fremdlöhne nicht mit dem Durchschnittssatz (1,8 %) abgegolten. Auch diese Vorsteuern können neben dem Durchschnittssatz in Abzug gebracht werden.
Wie beim Antrag auf Regelbesteuerung ist auch hier der Zeitpunkt der endgültigen Entscheidung mit der Rechtskraft des Umsatzsteuerbescheids anzusetzen. Und auch die Pauschalierungsvariante will gut überlegt sein. Allerdings ist sie nur auf zwei Jahre bindend, ein Zeitraum, der in seiner Entwicklung, was Investitionen und Umsätze betrifft, um einiges besser einzuschätzen sein wird als die fünf Jahre bei der Regelbesteuerung.

Wichtig:

Steuerfreiheit oder Pauschalierung sollten nicht vordergründig wegen der Arbeitsersparnis im Handling mit den Belegen in Erwägung gezogen werden. Um vor vorschnellen Entscheidungen gefeit zu sein, sollten Sie nämlich auf jeden Fall Aufzeichnungen über Umsatzsteuer und Zahllast führen, denn nur so werden Sie letztendlich die Gewissheit gewinnen, ob Ihre Entscheidung sinnvoll war. Ein paar Stunden Buchhaltungsaufwand sollte Ihnen diese Gewissheit jedenfalls Wert sein. Und wenn sich herausstellt, dass Sie durch den Verzicht auf Regelbesteuerung oder durch die Pauschalierung schlechter aussteigen als mit

der „Zettelwirtschaft“, werden Sie diese vielleicht doch gern auf sich nehmen.
Es gibt spezielle Umsatzsteuer- und Vorsteuerpauschalierungen für gewisse Branchen wie Land- und Forstwirte, Buschenschanken, Gewerbebetriebe, Künstler, Freiberufler, Handelsvertreter etc. Es würde den Rahmen dieses Buches sprengen, diese im Detail zu besprechen. Genaue Informationen erhalten Sie über eine fachliche Beratung oder auch im Internet unter www.bmf.gv.at, der Website des Bundesministeriums für Finanzen.

6.6 Umsatzsteuer-Identifikationsnummer – UID

Gleichzeitig mit dem Fragebogen (Formular *Verf 24* anlässlich der Betriebseröffnung, vgl. Seite 10) ans Finanzamt kann man den Antrag auf Ausstellung der Umsatzsteuer-Identifikationsnummer, kurz „UID“ (Formular *U15*), stellen. Die UID besteht aus drei Buchstaben und einer achtstelligen Ziffernfolge: AT für Österreich, U für Umsatzsteuer und 8 Ziffern:

ATU 12345678

Seit 1.1.2003 ist es verpflichtend, die UID-Nummer auf jeder Rechnung anzugeben.
Achten Sie bei eingehenden Rechnungen darauf, dass der Lieferant oder Verkäufer seine UID angegeben hat. Fehlt diese, berechtigt diese Rechnung nicht zum Vorsteuerabzug!

Eine gültige UID des Unternehmers ist auch in zwischenstaatlichen Geschäftsbeziehungen innerhalb der EU, insbesondere bei der innergemeinschaftlichen Lieferung (Lieferung eines Unternehmers aus Österreich an einen Unternehmer in einem anderen Mitgliedstaat) oder beim innergemeinschaftlichen Erwerb (Lieferung eines ausländischen Unternehmers aus einem anderen Mitgliedstaat an einen österreichischen Unternehmer) die Voraussetzung für die Steuerfreiheit.
Wenn Sie innergemeinschaftliche Lieferungen tätigen, haben Sie die Pflicht, die UID Ihres Geschäftspartners zu überprüfen. Ob die UID des ausländischen Geschäftspartners auch wirklich gültig ist, kann beim UID-Büro des Finanzministeriums erfragt werden (schriftlich mit Formular *U16* an Bundesministerium für Finanzen, Erdbergstraße 192–196, 1030 Wien; telefonisch: 0810/005310, per Fax: 0810/005012, per Internet über:
www.europa.eu.int/comm/taxation_customs/vies/de/vieshome.htm).

Abbildung U15 – Antrag auf Vergabe einer Umsatzsteuer-Identifikationsnummer
www.bmf.gv.at/service/formulare/steuern/

Steuernummer	Referat

An das Finanzamt

Eingangsvermerk des Finanzamtes

Antrag auf Vergabe einer Umsatzsteuer-Identifikationsnummer

Name bzw. Firmenbezeichnung und Ort der Leitung des Unternehmens	Telefonnummer
	Telefaxnummer

Zutreffendes bitte ankreuzen ☒!

Ich beantrage die Vergabe einer Umsatzsteuer-Identifikationsnummer, da ich voraussichtlich Umsätze aus innergemeinschaftlichen Lieferungen bzw. innergemeinschaftlichen Erwerben erzielen werde.
Unternehmer, die ausschließlich Umsätze ausführen, die zum Ausschluss vom Vorsteuerabzug führen bzw. die ihre Umsätze ausschließlich gemäß § 22 UStG 1994 versteuern sowie juristische Personen, die nicht Unternehmer sind, erklären weiters, dass die Umsatzsteuer-Identifikationsnummer benötigt wird, weil

- ☐ die innergemeinschaftlichen Erwerbe im vorangegangenen Kalenderjahr 11.000 Euro (Erwerbsschwelle) überstiegen haben bzw. diesen Betrag im laufenden Kalenderjahr voraussichtlich übersteigen werden,
- ☐ neue Fahrzeuge oder verbrauchsteuerpflichtige Waren erworben werden,
- ☐ auf die Erwerbsschwelle verzichtet wird (schriftliche Verzichtserklärung ergeht gesondert),
- ☐ (ausgenommen juristische Personen, die nicht Unternehmer sind) innergemeinschaftliche Lieferungen ausgeführt werden.

Steuerliche Vertretung (Name, Anschrift, Telefon/Telefaxnummer)

Datum und Unterschrift bzw. firmenmäßige Zeichnung

Nur vom Finanzamt auszufüllen!

1. Veranlagungsleitstelle: Zutreffendes ist anzukreuzen ☒!

☐ Es wurde eine Umsatzsteuer-Identifikationsnummer vergeben.

☐ Es wurde keine Umsatzsteuer-Identifikationsnummer vergeben. Bescheid Verf 36 ausgefertigt.

2. Referat ____________
Zur Ablage im Veranlagungsakt.

Datum, Handzeichen

http://www.bmf.gv.at

U 15 Bundesministerium für Finanzen

Wenn Sie innergemeinschaftlich liefern, verrechnen Sie bei Vorliegen aller Voraussetzungen zur Umsatzsteuerfreiheit die Ware ohne österreichische Umsatzsteuer an Ihren Kunden. Wenn Sie innergemeinschaftlich erwerben, verrechnet Ihr Lieferant die Ware an Sie ohne die ausländische Umsatzsteuer.

Auslandsgeschäfte und Umsatzsteuer

Aufgrund der Komplexität des Themas Umsatzsteuer gehen wir auf die umsatzsteuerliche Behandlung von Auslandsbeziehungen nicht im

Detail ein und ersuchen Sie, dafür entsprechende Beratung einzuholen oder Umsatzsteuer-Fachliteratur zu studieren. Die wesentlichen Vorgänge in Zusammenhang mit Auslandsgeschäften in Kürze:

Geschäftsbeziehungen zwischen Unternehmern mit Auslandsbezug:

- Lieferung Ware aus Österreich an Unternehmer in andere EU-Staaten – Bestätigung der UID des Kunden – keine Umsatzsteuer verrechnen – Eintragung der Lieferung in die Zusammenfassende Meldung („ZM“, Formular *U13);* diese muss quartalsweise an das Finanzamt abgegeben werden (über FINANZOnline).
- Leistung an Unternehmer in anderen EU-Staaten – meistens keine österreichische Umsatzsteuer zu verrechnen.
- Lieferung (Export) von Ware in Drittländer (nicht EU) – keine österreichische Umsatzsteuer verrechnen – Ausfuhrnachweis vom Zollamt erforderlich.
- Kauf von Ware aus Drittland (nicht EU) – Berechnung der Einfuhrumsatzsteuer wahlweise durch das Zollamt, Belastung der EUSt durch das Finanzamt und Zahlung der EUSt an das Finanzamt oder Spedition verrechnet die EUSt an den Unternehmer und Zahlung der EUSt an die Spedition, die die EUSt an das Finanzamt weiterleitet. Wenn die Ware innerhalb eines vorabsteuerabzugsberechtigten Unternehmens verwendet wird, ist die Einfuhrumsatzsteuer wie die Vorsteuer abzugsfähig.
- Bezahlung von Hotelnächtigung mit ausländischer Umsatzsteuer im Ausland: kein Vorsteuerabzug der ausländischen Umsatzsteuer in Österreich!

7. Die Einkommensteuer

Das Ergebnis Ihrer Einnahmen-Ausgaben-Rechnung ist beinahe die vollständige Basis für die Berechnung der Einkommensteuer. Die Prozentsätze, nach denen die Steuer berechnet wird, sind nach Höhe des Einkommens gestaffelt. Bis einschließlich des Wirtschaftsjahres 2004 ist weiters ein allgemeiner Absetzbetrag zu berücksichtigen, der ebenfalls gestaffelt ist. Ab 2005 wird die Berechnung der Einkommensteuer etwas einfacher, denn der allgemeine Absetzbetrag ist nicht mehr gesondert zu berücksichtigen, sondern ist bereits im Tarif integriert.

Der Einkommensteuer unterliegen:

- Einkünfte aus Land- und Forstwirtschaft
- Einkünfte aus selbstständiger Arbeit (Freiberufler, Künstler etc.)
- Einkünfte aus Gewerbebetrieb
- Einkünfte aus nichtselbstständiger Arbeit (aktive Arbeitnehmer und Pensionisten)
- Einkünfte aus Vermietung und Verpachtung
- Einkünfte aus Kapitalvermögen
- sonstige Einkünfte (zum Beispiel Spekulationsgewinne, Renten, Funktionärsbezüge)

Bleibt der Gewinn unter € 8.887,00 (für 2004) bzw. unter € 10.000,00 (ab 2005), ist keine Einkommensteuer zu bezahlen. Hat der Steuerpflichtige kein Dienstverhältnis, hat er eine Steuererklärung abzugeben, wenn das Einkommen € 8.887,00 (2004) bzw. € 10.000,00 (2005) übersteigt. Sind lohnsteuerpflichtige Einkünfte im Einkommen enthalten oder wird der Alleinverdiener- bzw. Alleinerzieherabsetzbetrag berücksichtigt, ist ab einem Einkommen von € 10.900,00 (2005) eine Steuererklärung abzugeben.

Von den Einkünften über das Einkommen zur Einkommensteuer

Das „Einkommen" ist nicht gleichzusetzen mit den „Einkünften". Diese sind in der Einnahmen-Ausgaben-Rechnung jene Beträge, die als Überschuss/Gewinn oder Fehlbetrag/Verlust ausgewiesen werden. Von der Summe der Einkünfte werden ggf. Sonderausgaben und außergewöhnliche Belastungen abgezogen. Das Ergebnis ist das Einkommen. Von diesem wird unter Anwendung der Steuersätze die Einkommensteuer errechnet. Das Ergebnis wird um die Absetzbeträge vermindert. Wurden während des Jahres Vorauszahlungen geleistet, so sind diese ebenfalls zu berücksichtigen. Das Ergebnis ist bei einer Restschuld die noch an das Finanzamt zu überweisende Einkommensteuer, bei einem Guthaben die zu erwartende Einkommensteuergutschrift.

Die Steuersätze für 2004

Einkommen in €	Steuersatz in %	abzüglich €
bis 3.640,00	0	0,00
3.641,00 bis 7.270,00	21	764,40
7.271,00 bis 21.800,00	31	1.491,40
21.801,00 bis 50.870,00	41	3.671,40
ab 50.871,00	50	8.249,70

Der „allgemeine Absetzbetrag“

Von der anhand dieser Prozentsätze errechneten Einkommensteuer kann der so genannte „allgemeine Absetzbetrag“ abgezogen werden: Dieser betrug bis 2003 € 887,00 und wurde für 2004 auf € 1.264,00 erhöht. Doch Achtung: der Absetzbetrag vermindert sich mit höherem Einkommen. Die Formel für den allgemeinen Absetzbetrag lautet bei einem Einkommen
- von € 10.000 bis € 15.000: ((Einkommen – 15.000) / 50 * –3,75) + 889
- von € 15.000 bis € 21.800: ((Einkommen – 21.800) / 68 * –2,72) + 617
- von € 21.800 bis € 35.511: ((Einkommen – 35.511) / 137,11 * – 6,17)

Beispiel: Berechnung der Einkommensteuer

2004: Einkommen € 20.000,00

Die Steuer berechnet sich wie folgt:
20.000,00 * 31 % = 6.200,00 – 1.491,40 = 4.708,60

allgem. Absetzbetrag:
((20.000,00 – 21.800,00) / 68 * – 2,72) + 617,00 = 689,00

4.708,60 – 689,00 = 4.019,60

Die Steuersätze ab 2005

Einkommen in €	Durchschnittssteuersatz in %
bei 10.000,00	0
bei 25.000,00	23
bei 51.000,00	33,5
über 51.000,00	50

Ab 2005 ist der allgemeine Absetzbetrag nicht mehr gesondert abzuziehen, er ist bereits im Tarif integriert, was eine gewisse Vereinfachung für die Berechnung darstellt.

Einkommen in €	Durchschnittssteuersatztarif-Formel
bis 10.000,00	0
10.000,00 bis 25.000,00	(Einkommen *minus* 10.000,00) *dividiert* durch 15.000,00 *mal* 5.750,00
25.000,00 bis 51.000,00	(Einkommen *minus* 25.000,00) *dividiert* durch 26.000,00 *mal* 11.335,00 *plus* 5.750,00
über 51.000,00	(Einkommen *minus* 51.000,00) *mal* 50 % *plus* 17.085,00

Beispiel: Berechnung der Einkommensteuer ab 2005

Einkommen € 20.000,00
Die Steuer wird folgendermaßen berechnet:
(20.000,00 – 10.000,00) / 15.000,00 * 5.750,00 = 3.833,33

Die wichtigsten Eckdaten zur Einkommensteuer:

- Die Einkommensteuererklärung ist ab Veranlagung 2003 bis zum April des Folgejahres abzugeben. Diese Frist verlängert sich auf den 30. Juni des Folgejahres, wenn die Einreichung elektronisch erfolgt.
- Die Einkommensteuererklärung ist auf **elektronischem Wege (FINANZOnline**, siehe Seite 80) abzugeben; außer, dies ist unzumutbar, weil zum Beispiel kein Internetanschluss verfügbar ist.
- Das Finanzamt legt auf Basis des zuletzt veranlagten Jahres **Vorauszahlungen** für die künftige Einkommensteuer fest. Mit dem Einkommensteuerbescheid erhalten Sie einen Vorauszahlungsbescheid. Die Termine für die Vorauszahlungen sind: der 15.2., der 15.5., der 16.8. und der 15.11. Die veranlagte Einkommensteuer des vergangenen Jahres wird um 4 % erhöht und als Einkommensteuervorauszahlung festgesetzt, wenn sie für das dem Veranlagungszeitraum folgende Kalenderjahr wirkt. Beispiel: Einkommensteuer 2004 € 3.000,00, Einkommensteuervorauszahlung 2005 € 3.120,00.
- Wirkt die Einkommensteuervorauszahlung für ein späteres Kalenderjahr, wird die festgesetzte Einkommensteuer des zweitvorangegangenen Jahres um weitere 5 % erhöht und als Einkommensteuervorauszahlung festgesetzt.

Vorausschauen und die „Ausgleichsquartal-Falle" meiden!

Wenn Sie Ihre Steuererklärung am 31. Mai abgeben, erhalten Sie möglicherweise im Juni den Einkommensteuerbescheid des vergangenen Jahres. Sie haben dann unter Umständen eine Nachzahlung zu leisten, und es wird gleichzeitig der Vorauszahlungsbetrag, der sich ja aus der

Einkommensteuer des Vorjahres errechnet, erhöht. Die Umstellung erfolgt dann bereits mit August. Es kann daher zum Vorauszahlungstermin 16. August zu einem Liquiditätsengpass kommen, wenn die Nachzahlung und die erhöhte Vorauszahlung innerhalb kurzer Zeit hintereinander zu begleichen sind. Kalkulieren Sie dies – sowie ggf. die Quartalszahlungen für die Sozialversicherung – rechtzeitig ein und bilden Sie entsprechende Reserven. Gerade die Sommermonate sind in manchen Branchen eine etwas ruhigere Zeit mit weniger laufenden Einnahmen, daher ist es wichtig, sich rechtzeitig über die Zahlungstermine im Klaren zu sein.
Wie bei der verspäteten Zahlung der Umsatzsteuer wird Terminverzug bei der Zahlung der Einkommensteuer, auch der Vorauszahlungen, mit einem **Säumniszuschlag** in Höhe von 2 % bestraft. Ein zweiter Säumniszuschlag wird bei nochmaliger Nichtzahlung noch zusätzlich festgesetzt. **Zahlen Sie deshalb Ihre Abgaben pünktlich!**

8. Einkommensteuererklärung und Umsatzsteuererklärung

Die Einkommensteuererklärung und die Umsatzsteuererklärung sind bis zum 30. April des Folgejahres abzugeben, bei elektronischer Übermittlung der Steuererklärungen 2003 – die grundsätzlich verpflichtend ist, wie wir schon mehrmals erwähnten – war dies der 30. Juni 2004. Wir erwarten auch für 2004 und Folgejahre eine Verlängerung der Frist 30.4. Bitte beachten Sie entsprechende Informationen, die Sie zum Beispiel auf der Website des Finanzministeriums (www.bmf.gv.at) vorfinden! Tipp: Wenn Sie von einem Steuerberater vertreten sind, verlängert sich die Frist automatisch.

Die Übermittlung der Steuererklärungen erfolgt über **FINANZOnline**, die Datenübermittlungsplattform des Finanzministeriums im Internet:

www.bmf.gv.at
bzw.
https://finanzonline.bmf.gv.at/

Die Anmeldung zu FINANZOnline erfolgt in der Veranlagungsleitstelle beim Finanzamt. Mit dem ausgefüllten „Anmeldeformular für Unternehmer und Bürger" *FON1* (www.bmf.gv.at unter *Formulare – FINANZOnline*) und einem amtlichen Lichtbildausweis ist die Anmeldung grundsätzlich persönlich vorzunehmen. Man erhält die erste Zugangskennung sofort: Teilnehmer-Identifikation, Benutzer-Identifikation und persönliche Identifikationsnummer. Beauftragt man einen Vertreter mit der Anmeldung zu FINANZOnline, benötigt dieser eine beglaubigte Spezialvollmacht. Teilnehmer-Identifikation, Benutzer-Identifikation und persönliche Identifikationsnummer werden in diesem Fall mittels Rsa-Brief mitgeteilt.

Wichtig:

Auf der Website finden Sie ausführliche Erklärungen zur Bedienung. **Lesen Sie diese unbedingt vor dem ersten Einstieg!**

Bei einem Login-Versuch mit fehlerhaft eingegebenen Zugangskennungen erhalten Sie die Fehlermeldung „Die eingegebenen Zugangskennungen sind nicht gültig". Die Felder „Benutzer" und „PIN" sind wieder leer und Sie können die Eingabe wiederholen. **Nach dem dritten fehlerhaften Login-Versuch wird Ihr Zugang zu FINANZOnline gesperrt.**

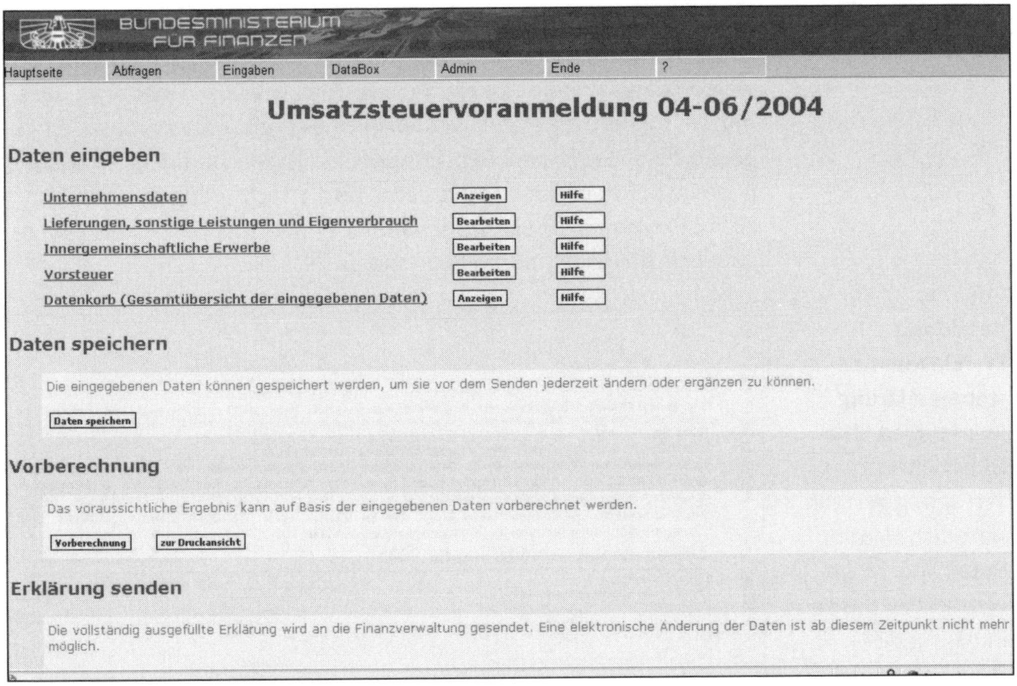

Abbildung FINANZOnline – Auswahlmenü für UVA

Sämtliche Formulare, die Sie für die Steuererklärung benötigen, stehen auf der Website des Finanzministeriums zum Herunterladen zur Verfügung:

www.bmf.gv.at/service/formulare/

Die wesentlichsten Formulare, die wir auch in diesem Buch immer wieder erwähnen, sind:

E1	Einkommensteuererklärung
E1a	Beilage zur Einkommensteuererklärung E1 für Einzelunternehmer (betriebliche Einkünfte)
U30	Umsatzsteuervoranmeldung (UVA)
U1	Umsatzsteuererklärung

Auch die dazugehörigen „Ausfüllhilfen", also Erklärungen zum Ausfüllen der Formulare, werden zur Verfügung gestellt. In diesen wird detailliert erklärt, was in die einzelnen Felder der Formulare einzutragen ist.
Die Formulare werden im PDF-Format zur Verfügung gestellt und können auch im PC ausgefüllt und dann gespeichert und ausgedruckt werden. Vorteil: Die Formulare beinhalten kleine Berechnungstools, mit denen Sie Ihre Zahlen überprüfen können. Aber auch reine Druckversionen stehen zur Verfügung, die Sie ausdrucken und händisch ausfüllen können.

Es ist sinnvoll, vor der Übermittlung der Steuererklärung mittels FINANZOnline die Steuererklärung auf den Formularen vorzubereiten; es werden dann allerdings nicht diese Formulare an das Finanzamt übermittelt, sondern die Daten werden in eine spezielle Datenmaske eingegeben, deren Felder und Bezeichnungen mit jenen auf den Formularen übereinstimmen. Keine Angst, bevor Sie die Sache endgültig abschicken, bekommen Sie eine Vorschau präsentiert und können bis zum finalen Klick jederzeit noch etwas ändern.

Abbildung E1 – Einkommensteuererklärung (wird für jedes Kalenderjahr zur Verfügung gestellt, kann sich also im Detail ändern; abgedruckt ist das Formular für die Steuererklärung 2003) www.bmf.gv.at/service/formulare/steuern/

FINANZ*Online* - Hotline: 0810 / 22 11 00

Finanzamt	Steuernummer	Referat
	Eingangsvermerk des Finanzamtes FINANZOnline, das neue Service für Sie!	

Sehr geehrte Steuerzahlerin! Sehr geehrter Steuerzahler! *Personenbezogene Begriffe (zB Einzelunternehmer) beziehen sich auf beide Geschlechter. Wird ohne nähere Bezeichnung auf gesetzliche Bestimmungen verwiesen, ist darunter das Einkommensteuergesetz 1988 (EStG 1988) zu verstehen.*

Beachten Sie bitte die Ausfüllhilfe zu dieser Erklärung (Formular E 2).
Informationen zur elektronischen Erklärungsabgabe finden Sie im Internet (www.bmf.gv.at) oder direkt unter FINANZ*Online* (https://finanzonline.bmf.gv.at). Für telefonische Auskünfte zur elektronischen Erklärungsabgabe steht Ihnen auch die FINANZ*Online* - Hotline unter 0810 / 22 11 00 zur Verfügung.
Informationen zur Einkommensteuer finden Sie im Internet unter "Steuern / Einkommensteuer" oder "Steuern / Richtlinien Steuerrecht (Einkommensteuerrichtlinien 2000)".

Einkommensteuererklärung für 2003

Zutreffendes bitte ankreuzen ☒!

Angaben zur Person — ▼ **Bitte unbedingt ausfüllen** ▼

Familien- und Vorname (in Blockschrift) | Versicherungsnummer | Geburtsdatum (TTMMJJ)

Postleitzahl | Derzeitige Wohnanschrift (Ort, Straße, Haus-Nr., Tür-Nr.)

Tagsüber erreichbar unter (Telefon) | Geschlecht ☐ weiblich ☐ männlich

Familienstand im Jahr 2003 *(Bitte nur ein Kästchen ankreuzen)*
☐ verheiratet ☐ ledig ☐ geschieden | seit (Datum: TTMMJJ)
☐ in Partnerschaft lebend ☐ verwitwet ☐ dauernd getrennt lebend

Familien- und Vorname des (Ehe)Partners (in Blockschrift) | Versicherungsnummer | Geburtsdatum (TTMMJJ)

Bezugs-, pensionsauszahlende Stellen im Jahr 2003 *(Arbeitgeber/Pensionsstellen; jedoch* **nicht** *Leistungen des AMS, Kinderbetreuungsgeld, Krankengeld etc.). Für den Fall, dass bereits eine gemeinsame Besteuerung von Bezügen erfolgt, ist für die gemeinsam versteuerten Bezüge eine einzige bezugs- oder pensionsauszahlende Stelle anzugeben. (Die Beilage eines Lohnzettels ist* **nicht** *erforderlich)* | **Anzahl**

Mitteilungen gemäß § 109a für 2003 [1] *(Die Beilage einer erhaltenen Mitteilung ist nicht erforderlich)* | **Anzahl**

! Bitte unbedingt ausfüllen, weil sich sonst die Erledigung der Erklärung verzögert!

Ich habe 2003 Bezüge aus einer gesetzlichen Kranken-/Unfallversicherung (Krankengeld/Unfallrente), Arbeitslosenunterstützung, Notstandshilfe, Überbrückungshilfe für Bundesbedienstete, Entschädigungen für Truppen-, Kader- oder Waffenübungen, rückgezahlte Pflichtbeiträge an Sozialversicherung oder Bezüge aus dem Insolvenz-Ausgleichs-Fonds erhalten.
Diese Bezüge sind **nicht** *bei der Anzahl der bezugs-, pensionsauszahlenden Stellen anzugeben.*
Ja ☐ ◀ **Bitte unbedingt ausfüllen, weil sich sonst die Erledigung der Erklärung verzögert!** ▶ ☐ Nein

Alleinverdienerabsetzbetrag [2]
☐ Ich beanspruche den Alleinverdienerabsetzbetrag [mein (Ehe)Partner beansprucht selbst keinen Alleinverdienerabsetzbetrag]
Ein Alleinverdienerabsetzbetrag steht nur zu:
bei Ehe: *Der Ehepartner (ohne Kind/er) darf Einkünfte von höchstens* **2.200 Euro** *jährlich beziehen.*
bei (Ehe)Partnerschaft mit Kind/ern: *Der (Ehe)Partner darf Einkünfte von höchstens* **4.400 Euro** *(inkl. Wochengeld) jährlich beziehen.*
bei Antragstellern aus Nicht-EU/EWR-Staaten: *Der (Ehe)Partner muss sich in Österreich aufhalten.*

Alleinerzieherabsetzbetrag [3]
☐ Ich beanspruche den Alleinerzieherabsetzbetrag

Sonderausgabenerhöhungsbetrag ab 3 Kindern [4]
☐ Ich beanspruche den zusätzlichen Sonderausgabenerhöhungsbetrag ab 3 Kindern

Kinder, für die ich oder mein (Ehe)Partner 2003 für mindestens **sieben Monate** die Familienbeihilfe bezogen habe/hat. | Anzahl der Kinder

Mehrkindzuschlag: Nur auszufüllen, wenn das (Familien)Einkommen 2003 den Betrag von **40.320 Euro** nicht überstiegen hat. [5]
☐ Ich beanspruche den Mehrkindzuschlag, da jeweils ich und/oder mein (Ehe)Partner 2003 für mehr als 2 Kinder Familienbeihilfe bezogen habe/hat.
☐ Ich erkläre, dass ich 2003 mehr als 6 Monate in einer Ehe oder Partnerschaft gelebt habe und das gemeinsame Einkommen **40.320 Euro** nicht überstiegen hat. *(Nur auszufüllen bei Vorliegen einer Ehe oder Partnerschaft)*

Überweisung des Mehrkindzuschlages *[Bei Überweisungen ins Ausland sind unbedingt an Stelle der BLZ der BIC und an Stelle der Kontonummer die IBAN (siehe Bankkontoauszug) anzugeben.]*

Bankleitzahl	Giro-/Postscheckkonto Nr.	Bezeichnung der Bank *(wenn Bankleitzahl nicht bekannt)*

☐ Ich beanspruche den **Unterhaltsabsetzbetrag** für folgende nicht haushaltszugehörige Kinder, für die ich 2003 den gesetzlichen Unterhalt (Alimente) geleistet habe **(bitte jedenfalls das Geburtsdatum ausfüllen)**. [6]

Versicherungsnummer	Geburtsdatum (TTMMJJ)	Unterhaltszahlungen von MM - MM	Versicherungsnummer	Geburtsdatum (TTMMJJ)	Unterhaltszahlungen von MM - MM
		von bis 03			von bis 03
		von bis 03			von bis 03
		von bis 03			von bis 03

Die Höhe der geleisteten Zahlungen wird von mir über Verlangen des Finanzamtes nachgewiesen (Einzahlungsbelege, Empfangsbestätigungen). Mir ist bekannt, dass der Unterhaltsabsetzbetrag für Monate nicht zusteht, für die ich oder mein (Ehe)Partner für eines der angeführten Kinder Familienbeihilfe bezogen habe/hat.

www.bmf.gv.at

E 1 Bundesministerium für Finanzen

Das Formular E1: Einkommensteuer-erklärung

Beachten Sie bitte die Ausfüllhinweise und holen Sie fachliche Beratung ein, denn wir können hier nur auf gewisse Eckpunkte eingehen, die auch in der Praxis am häufigsten vorkommen.

Im ersten Teil des Formulars *E1* tragen Sie Ihre persönlichen Daten und Verhältnisse ein. Der Alleinverdiener-/Alleinerzieherabsetzbetrag, Unterhaltsabsetzbetrag für bezahlte Alimente kann ebenfalls hier beantragt werden. Im Bereich Sonderausgaben stehen Ihnen unter gewissen Voraussetzungen € 2.920,00 für freiwillig bezahlte Lebensversicherungs-, Unfallversicherungs- und Krankenversicherungsprämien sowie für Wohnraumschaffung und -sanierung zur Verfügung, die aber nur maximal mit einem Viertel der bezahlten Prämien einkommensmindernd sind. Kirchenbeiträge können bis maximal € 75,00 (2004), ab 2005 mit maximal € 100,00 angesetzt werden.
Auch **Verluste** können als Sonderausgaben einkommensmindernd abgesetzt werden. Beim Einnahmen-Ausgaben-Rechner können jedoch nur Anlaufverluste der ersten 3 Jahre als Verlustvortrag verwertet werden. Wenn Sie nach mehrjähriger Tätigkeit ein Verlustjahr haben, können Sie diesen Verlust nicht vortragen!
Wie bereits erwähnt, gibt es sieben Einkunftsarten, die in der Einkommensteuer erfasst werden. Unter „Einkünfte aus Gewerbebetrieb" oder „Einkünfte aus selbstständiger Arbeit" tragen Sie das Ergebnis Ihrer Einnahmen-Ausgaben-Rechnung ein.

Das Formular E1a: Beilage zur Einkommensteuererklärung E1 für Einzelunternehmer (betriebliche Einkünfte)

Dieses Formular ist, wie der Name schon sagt, die Beilage zur Einkommensteuererklärung und es stellt die Betriebseinnahmen, die Betriebsausgaben und das Ergebnis Ihrer Einnahmen-Ausgaben-Rechnung für das betreffende Geschäftsjahr dar. Es ist der Einkommensteuerklärung beizulegen. Wir haben im Kapitel ## den Aufbau dieses Formulars bereits erwähnt, als wir den Aufbau der Einnahmen-Ausgaben-Rechnung beschrieben haben:

Wie dieses Formular auszufüllen ist, wird in der Ausfüllhilfe ausführlich dargestellt. Dort ist auch immer der deutliche Hinweis zu finden, was für Einnahmen-Ausgaben-Rechner gilt. Die wichtigsten Eingabefelder für Einnahmen-Ausgaben-Rechner:

Abbildung E1a – Beilage zur Einkommensteuererklärung E1 für Einzelunternehmer (betriebliche Einkünfte; abgedruckt ist das Formular für 2003) www.bmf.gv.at/service/formulare/steuern/

FINANZ*Online* - Hotline: 0810 / 22 11 00

Beilage zur Einkommensteuererklärung E 1 für Einzelunternehmer (betriebliche Einkünfte) für 2003

Wird ohne nähere Bezeichnung auf gesetzliche Bestimmungen verwiesen, ist darunter das Einkommensteuergesetz 1988 (EStG 1988) zu verstehen.

Beachten Sie bitte die Ausfüllhilfe zu dieser Beilage (Formular E 2).

☐ **Einkünfte aus Land- und Forstwirtschaft,** soferne keine Pauschalierung in Anspruch genommen wird

☐ **Einkünfte aus selbständiger Arbeit**

☐ **Einkünfte aus Gewerbebetrieb,** soferne keine Vollpauschalierung für Gastwirte oder Lebensmitteleinzel- oder Gemischtwarenhändler in Anspruch genommen wird

Bitte pro Betrieb und Wirtschaftsjahr eine Beilage ausfüllen! 1 **Zutreffendes bitte ankreuzen ☒ !**

Familien- und Vorname	Steuernummer	Referat
Postleitzahl	Betriebsanschrift (Ort, Straße, Platz, Haus-Nr., Tür-Nr.)	
Staat (nur ausfüllen, wenn nicht Österreich)		**Bitte unbedingt ausfüllen!** Branchenkennzahl lt. Formular E 2 3 43

Bilanzierung gemäß ☐ § 4 Abs. 1 2	☐ Einnahmen-Ausgaben-Rechnung gemäß § 4 Abs. 3	☐ Basispauschalierung gemäß § 17 Abs. 1	Mischbetrieb ☐
☐ § 5	☐ USt-Bruttosystem ☐ USt-Nettosystem	☐ Künstler-/Schriftsteller- oder Handelsvertreter-Pauschalierung	☐ Sonstige Pauschalierung

Dauer des Gewinnermittlungszeitraumes, **nur** wenn kürzer als 12 Monate (Anzahl der Monate) 4			Beträge in Euro und Cent
☐ Wechsel der Gewinnermittlungsart (§ 4 Abs. 10) wurde vorgenommen	Höhe des Übergangsgewinnes/-verlustes	**9010**	
☐ (Teil-)Betrieb wurde veräußert oder aufgegeben	Höhe des Veräußerungsgewinnes/-verlustes (vor allfälligem Freibetrag)	**9020**	
☐ Ein Antrag gemäß § 24 Abs. 6 wird gestellt (Gebäudebegünstigung bei Betriebsaufgabe)	Höhe eines auszuscheidenden Auslandsgewinnes/-verlustes 5	**9030**	
☐ Ich beanspruche eine Entlastung von der Doppelbesteuerung auf Grund der Verordnung BGBl. II Nr. 474/2002. 6	☐ Im Veranlagungszeitraum erfolgte eine Umgründung		

1. Gewinnermittlung 7

Grundsätzlich sind Erträge/Betriebseinnahmen und Aufwendungen/Betriebsausgaben **ohne Vorzeichen** *anzugeben. Nur wenn sich bei einer Kennzahl ein negativer Wert ergibt, ist ein negatives Vorzeichen ("-") anzugeben.*

Erträge/Betriebseinnahmen			Beträge in Euro und Cent
Erlöse (Waren-/Leistungserlöse) ohne § 109a EKR 40-44	8	**9040**	
Betriebseinnahmen/Erträge, für die Mitteilungen gemäß § 109a ausgestellt wurden EKR 40-44	9	**9050**	
Anlagenerlöse/Entnahmewerte von Anlagevermögen EKR 460-462 vor allfälliger Auflösung auf 463-465 bzw. 783	10	**9060**	
Nur für Bilanzierer: Aktivierte Eigenleistungen EKR 458-459	11	**9070**	
Nur für Bilanzierer: Bestandsveränderungen EKR 450-457	12	**9080**	
Übrige Erträge/Betriebseinnahmen (inkl. Finanzerträge) Saldo	13	**9090**	
Summe der Erträge/Betriebseinnahmen *(muss nicht ausgefüllt werden)*			
Aufwendungen/Betriebsausgaben			
Waren, Rohstoffe, Hilfsstoffe EKR 500-539, 580	14	**9100**	
Beigestelltes Personal (Fremdpersonal) und Fremdleistungen EKR 570-579, 581, 750-753	15	**9110**	
Personalaufwand ("eigenes Personal") EKR 60-68	16	**9120**	
Abschreibungen auf das Anlagevermögen (z. B. AfA, geringwertige Wirtschaftsgüter) EKR 700-708	17	**9130**	
Nur für Bilanzierer: Abschreibungen vom Umlaufvermögen, soweit diese die im Unternehmen üblichen Abschreibungen übersteigen - EKR 709 - und Wertberichtigungen zu Forderungen	18	**9140**	
Instandhaltungen (Erhaltungsaufwand) für Gebäude EKR 72	19	**9150**	

www.bmf.gv.at

E 1a Bundesministerium für Finanzen

Erträge/Betriebseinnahmen	**Erläuterung**
Erlöse (Waren-/Leistungserlöse) ohne § 109a	Zugeflossene Umsatzerlöse
Erlöse ... für die Mitteilungen gem. § 109a ausgestellt wurden	Erläuterung auf dieser Seite unten
Aufwendungen/Betriebsausgaben	
Waren, Hilfsstoffe	
Fremdpersonal und Fremdleistungen	
Personalaufwand	Löhne, Gehälter, gesetzlicher Sozialaufwand, lohn- und gehaltsabhängige Abgaben z. B. DB, DZ, Kommunalsteuer
AfA, GWG	
Reise- und Fahrtspesen	Inkl. Kilometergeld und Tages- und Nächtigungsgelder
Tatsächliche Kfz-Kosten	Treibstoff, Reparatur- und Servicekosten (Nicht einzutragen sind AfA und Leasingaufwendungen.)
Mietaufwand, Leasing	
Werbeaufwand	Annoncen, Werbematerial
Zinsen	
Übrige Betriebsausgaben	Energie-, Reinigungs-, Büroaufwand, Telefon, Porto, Pflichtbeiträge gewerbliche Sozialversicherung ...

Auf dem Formular *E1a* wird Ihnen bei dem entsprechenden Summen-Feld der Hinweis gegeben, was Sie in das Formular *E1*, also die Einkommensteuererklärung, übertragen müssen.

Die Mitteilungspflicht gem. § 109a Einkommensteuergesetz 1988

Bestimmte selbstständig erbrachte Leistungen müssen von der auszahlenden Stelle im Rahmen einer *Mitteilung gemäß § 109a* an das Finanzamt gemeldet werden. Wenn das bezahlte Entgelt inkl. Reisekostenersätze ohne Umsatzsteuer an eine Person weniger als € 900,00 im Jahr und für jede einzelne Leistung weniger als € 450,00 beträgt, kann die Meldung unterbleiben. Es sind dies unter anderem gewisse Lehr- und Vortragstätigkeiten, Funktionärstätigkeiten, die Tätigkeit als selbstständiger Versicherungs- und Bausparkassenvertreter, als Kolporteur und Zeitungszusteller und, last but not least, die Tätigkeit als Privatgeschäftsvermittler, worunter zum Beispiel die Vertretertätigkeit in Bezug auf Produkte des täglichen Bedarfs an Endverbraucher gehört („klassisches" Beispiel: „Tupperwareparty"). Die Meldung an das Finanzamt muss von der auszahlenden Stelle vorgenommen werden. Üben Sie solche Tätigkeiten aus, erhalten Sie einen schriftlichen Beleg zu dieser Meldung und alle von Ihren Auftraggebern abgegebenen Meldungen scheinen in Ihrem Profil bei FINANZOnline auf. Im Formular *E1a* sind diese Einnahmen dann gesondert anzugeben (Betriebseinnahmen/Erträge, für die *Mitteilungen gemäß § 109a* ausgestellt wurden).

Formular U1: Umsatzsteuererklärung

Hier fassen Sie die Umsatzsteuervoranmeldungen des gesamten Jahres zusammen und tragen Ihre Gesamtumsätze, die steuerfreien Umsätze, die steuerpflichtigen Umsätze, die gesamte Jahres-Umsatzsteuer etc. ein. Abzüglich der Jahres-Einfuhrumsatzsteuer und Jahres-Vorsteuer kommen Sie zu einer Zahllast oder einer Gutschrift. Diese soll den Vorauszahlungen oder Gutschriften an Umsatzsteuer entsprechen. Differenzen wirken sich gegebenenfalls im Steuerbescheid aus.

Beispiel: Umsatzsteuervoranmeldung und Umsatzsteuererklärung

Umsatzsteuervoranmeldungen – quartalsweise Umsatzsteuer:

Monate	Umsatz netto €	Umsatzsteuer €	Vorsteuer €
1–3	500,00	100,00	30,00
		(und: Einfuhr-USt 20,00)	
4–6	5.000,00	1.000,00	500,00
7–9	2.000,00	400,00	200,00
10–12	7.000,00	1.400,00	2.000,00
	14.500,00	**2.900,00**	**2730,00**

Zahlungen an das Finanzamt:

15.5	(für 1–3)	€ 0 (leider vergessen)
16.8.	(für 4–6)	€ 500,00
15.11.	(für 7–9)	€ 200,00
15.2. (Folgejahr, für 10–12): Gutschrift		€ 600,00

U1 – Umsatzsteuererklärung:	€
Gesamtumsatz	14.500,00
Steuerfreie Umsätze	0,00
Steuerpflichtige Umsätze 20 %	14.500,00
Umsatzsteuer	2.900,00
Einfuhrumsatzsteuer	– 20,00
Vorsteuer	– 2.730,00
Zahllast	150,00
Vorauszahlungen	100,00
Restschuld	50,00

Wichtig: Diese Restschuld müssen Sie nach Erhalt des Steuerbescheides begleichen.

Abbildung U1 – Umsatzsteuererklärung (abgebildet ist das Formular für 2003) www.bmf.gv.at/service/formulare/steuern/

FINANZ*Online* - Hotline: 0810 / 22 11 00

An das Finanzamt	Steuernummer (bitte bei allen Eingaben anführen)	Referat
	Eingangsvermerk des Finanzamtes	
	FINANZ*Online*, das neue Service für Sie!	

Sehr geehrte Steuerzahlerin! Sehr geehrter Steuerzahler!

Personenbezogene Begriffe (zB Unternehmer) beziehen sich auf beide Geschlechter.

Wird ohne nähere Bezeichnung auf gesetzliche Bestimmungen verwiesen, ist darunter das Umsatzsteuergesetz 1994 (UStG 1994) zu verstehen.

Beachten Sie bitte die Ausfüllhilfe zu dieser Erklärung (Formular U 1a).

Informationen zur elektronischen Erklärungsabgabe finden Sie im Internet (www.bmf.gv.at) oder direkt unter FINANZ*Online* (https://finanzonline.bmf.gv.at). Für telefonische Auskünfte zur elektronischen Erklärungsabgabe steht Ihnen auch die FINANZ*Online* - Hotline unter der Nummer 0810 / 22 11 00 zur Verfügung.

Informationen zur Umsatzsteuer finden Sie im Internet unter "Steuern / Umsatzsteuer" oder "Steuern / Richtlinien Steuerrecht (Umsatzsteuerrichtlinien 2000)".

Umsatzsteuererklärung für 2003

Zutreffendes bitte ankreuzen ☒ !

Unternehmer (Name, Anschrift, Telefonnummer)

Zum Unternehmen gehören Organgesellschaften

☐ nein
☐ ja — wenn ja, Anzahl der Organgesellschaften ☐

Vom Kalenderjahr abweichendes Wirtschaftsjahr (nur in diesen Fällen auszufüllen)

Erklärt werden die Umsätze

des Wirtschaftsjahres vom bis und/oder des Wirtschaftsjahres vom bis

Berechnung der Umsatzsteuer:		Bemessungsgrundlage [1]) Beträge in Euro und Cent
Lieferungen, sonstige Leistungen und Eigenverbrauch: 1 a) Gesamtbetrag der Bemessungsgrundlagen des Veranlagungszeitraumes **2003** für Lieferungen und sonstige Leistungen einschließlich Anzahlungen (jeweils ohne Umsatzsteuer)	**000**	
b) zuzüglich Eigenverbrauch 2	**001**	+
c) Umsätze, für die die Steuerschuld gemäß § 19 Abs. 1a (Bauleistungen einschließlich Anzahlungen), § 19 Abs. 1 zweiter Satz sowie Art. 19 Abs. 1 Z 3 auf den Leistungsempfänger übergegangen ist. 3	**021**	–
SUMME		

www.bmf.gv.at

[1]) *Minusvorzeichen sind, soweit nicht vorgedruckt, beim Ausfüllen der Erklärung einzusetzen.*

U 1 Bundesministerium für Finanzen

Prämien und Freibeträge

Im Rahmen der Veranlagung können Sie auch eine Reihe von **Prämien und Freibeträgen** geltend machen, wie zum Beispiel:

- Lehrlingsfreibetrag
- Lehrlingsausbildungsprämie
- Bildungsfreibetrag
- Bildungsprämie
- Forschungsfreibetrag
- Investitionszuwachsprämie

Beachten Sie dazu die Ausfüllhilfe bzw. holen Sie fachliche Beratung ein, in welchem Umfang diese Freibeträge und Prämien für Ihr Unternehmen anwendbar sind.

Der Abschluss

Haben Sie Ihre Formulare ausgefüllt, können Sie darangehen, die Beträge und Ergebnisse in die Eingabemasken auf FINANZOnline zu übertragen: Einkommensteuererklärung mit Beilage sowie die Umsatzsteuerklärung. Die online ausgefüllten Formulare sollten Sie wiederum ausdrucken und bei Ihren Unterlagen ablegen.

Nun können Sie nur noch abwarten: Sie erhalten einen Einkommensteuer- und einen Umsatzsteuerbescheid sowie einen Bescheid, der die Einkommensteuervorauszahlungen neu festsetzt.

9. Die Kommunikation mit dem Finanzamt

Als Junggründerin hatte Susanna im Rahmen der Beantwortung des Fragebogens vom Finanzamt und ihres Antrags auf Ausstellung einer UID sowie in Zusammenhang mit der Abholung ihrer persönlichen Zugangsdaten für FINANZOnline im ersten Monat ihrer Geschäftstätigkeit mehrmals Kontakt mit dem Finanzamt. In direkten Kontakt kam sie dann aber erst wieder bei der Abgabe der Steuererklärung über FINANZOnline – da sie sich dabei aber anhand der guten Erläuterungen auf der Website rasch zurechtfand, blieb dieser Kontakt ein virtueller. Die Steuerbescheide kamen wenige Wochen später. Da sie aufgrund der während des gesamten Geschäftsjahres regelmäßig geführten Einnahmen-Ausgaben-Rechnung wusste, was sie zu erwarten hatte (sie hatte ausreichend Reserven gebildet, um die von ihr errechnete Einkommensteuer fristgerecht zu begleichen), bargen die Bescheide auch keine Überraschungen. Im Gegenteil, sie freute sich, dass die von ihr errechnete Einkommensteuer sogar etwas höher lag als das, was im Bescheid als Nachzahlung gefordert wurde. Sie konnte die Steuer fristgerecht bezahlen und hatte bis zur nächsten Steuererklärung kaum Anlass, sich mit dem „Amt" auseinander zu setzen.

In unserer Dienstleistungsgesellschaft entwickeln sich auch Ämter und Behörden zunehmend in Richtung „Kundenorientierung" und Service. Die Qualität der Kommunikation mit dem Finanzamt macht hier keine Ausnahme. Da sich immer mehr Menschen selbstständig machen, Einzelunternehmen gründen oder mehrmals im Leben ihre Berufssituation verändern, wenden sich auch immer mehr Menschen mit Fragen an die Finanzbehörden. Diese sind angehalten, Auskunft zu erteilen und den Menschen möglichst verständliche und nachvollziehbare Informationen zu geben. Die Publikation von Gründerleitfäden, Broschüren und umfangreichen Informationen im Internet ist nur eines der Indizien, dass sich hier einiges geändert hat.
Im normalen Geschäftsablauf wird es kaum zu Konfrontationen mit dem Finanzamt kommen, solange man pünktlich Steuererklärungen abgibt und den per Bescheid übermittelten Zahlungsaufforderungen zeitgerecht nachkommt. Wenn Sie aus welchen Gründen auch immer in Verzug geraten, Termine nicht einhalten können oder in einen Liquiditätsengpass rutschen: Nehmen Sie Kontakt zum Finanzamt auf –

besser spät als nie. Unternehmerische Krisen sind den Finanzamtsmitarbeitern nicht fremd und ein offenes Wort zur rechten Zeit bringt von dieser Seite eher Verständnis und Rat als eine Vogel-Strauß-Politik.
Die Bearbeitungszeit der diversen Anliegen wurde beschleunigt und einiges in der behördlichen Abwicklung vereinfacht. Bedenken Sie jedoch, dass nichts von allein passiert und die Anliegen, die ein Steuerpflichtiger hat, schriftlich oder mittels FINANZOnline eingebracht werden müssen. Will man gegen einen Bescheid **Berufung** einbringen oder aufgrund des hohen Nachzahlungsbetrages (für zum Beispiel Einkommensteuer) einen **Antrag** auf Ratenzahlung oder Stundung stellen, so muss dieser Antrag schriftlich per Post oder Fax gesendet werden.
Halten Sie diese Schriftstücke knapp und versehen Sie sie mit einer plausiblen Begründung; liefern Sie beim Ansuchen auf Ratenzahlung einen realistischen Vorschlag zu Höhe und Anzahl der Raten. Sind die Vorauszahlungsbescheide für die Einkommensteuer zu hoch, weil das Geschäft im laufenden Jahr nicht so gut läuft oder Sie hohe Investitionen haben, können Sie die Vorauszahlungen herabsetzen lassen. Auch hier sind eine gute **Begründung** und eine **Planrechnung** notwendig, um dem Sachbearbeiter im Finanzamt zur raschen Umsetzung Ihres Anliegens entgegenzukommen.
Wollen Sie gegen einen Bescheid berufen (Berufungsfrist ein Monat), muss die **Berufung** folgende Angaben enthalten:

- Bezeichnung des Bescheides, gegen den sich die Berufung richtet;
- die Erklärung, in welchen Punkten der Bescheid angefochten wird;
- die Erklärung, welche Änderungen beantragt werden;
- eine Begründung.

In den meisten Fällen wird es ratsam sein, im Zusammenhang mit einer Berufung qualifizierte Beratung von Fachleuten einzuholen. Die Hinweise in diesem Buch können eine solche Beratung nicht ersetzen!

Wichtig:

Fertigen Sie nach Telefonaten mit Behörden und Auskunft erteilenden Stellen ein Gesprächsprotokoll an; notieren Sie Datum, Kontaktperson und Inhalt des Gesprächs. Müssen Sie Schriftstücke schicken, legen Sie immer eine Kopie zu Ihren Unterlagen!

Wer hat die fachliche Befugnis, Sie zu beraten und zu unterstützen?

Der Kammer der Wirtschaftstreuhänder (www.kwt.or.at) gehören folgende Wirtschaftstreuhandberufe an: Wirtschaftsprüfer, Buchprüfer, Steuerberater und selbstständiger Buchhalter. Im Unterschied zum Steuerberater darf der selbstständige Buchhalter die Buchhaltung, Lohnverrechnung und die Erstellung von Saldenlisten nur für Betriebe bis zu € 726.728,34 Umsatz durchführen. Bilanzen darf der selbstständige Buchhalter für Betriebe mit bis zu € 363.364,17 Umsatz erstellen. Für Steuerberater gibt es keine Einschränkungen. Bis auf Angelegenheiten der unterjährigen Umsatzsteuervoranmeldung ist der selbstständige Buchhalter nicht zur Vertretung und Abgabe von Erklärungen vor Finanzbehörden befugt. Diese Tätigkeit ist dem Steuerberater vorbehalten.

Vom selbstständigen Buchhalter zu unterscheiden ist der gewerbliche Buchhalter. Dieser ist der Wirtschaftskammer Österreich, Fachgruppe Unternehmensberater, zugeordnet und darf im Gegensatz zum selbstständigen Buchhalter keine Bilanzen erstellen.

Schlusswort

„Buchhaltung macht Spaß!“ – Haben wir zu viel versprochen? Wir haben Ihnen die Grundlagen der Einnahmen-Ausgaben-Rechnung hoffentlich vermitteln und Ihnen zeigen können, dass

- mit der richtigen Aufzeichnungsmethode,
- mit der pünktlichen Bezahlung der Umsatzsteuer und
- mit der zeitgerechten Abgabe der Steuererklärung

die drei wesentlichen Eckpunkte einer effizient geführten Einnahmen-Ausgaben-Rechnung erfüllt sind. Sollten Sie komplexere Fragestellungen haben, können Sie sich jetzt mit den richtigen Begriffen an die Fachleute wenden, die es für alle Unternehmenskategorien gibt und die Ihnen bei Ihren Anliegen weiterhelfen werden. Sie werden bei der individuellen Umsetzung unserer Ausführungen rasch zu einem gut organisierten, übersichtlichen Aufzeichnungssystem finden, das Ihnen neben den vom Gesetzgeber geforderten Daten auch Aussagen über Ihren Geschäftserfolg und Hinweise auf Optimierungspotenziale bietet.

Wir hoffen, Sie mit unserem Überblick über die wesentlichen Eckpunkte der Einnahmen-Ausgaben-Rechnung beim effizienten Umgang mit Zahlen und Finanzen zu unterstützen und Ihnen die Kommunikation mit dem Finanzamt und mit Fachleuten wie Buchhaltern und Steuerberatern zu erleichtern. Die unternehmerische Tätigkeit birgt viele Chancen und ein großes Potenzial für Selbstverwirklichung – und Ihr Erfolg wird sich auch an den Zahlen ablesen lassen. Wenn die Buchhaltung in Ordnung ist, ist auch der finanzielle Erfolg leichter kontrollierbar und die tägliche Arbeit macht gleich noch mehr Spaß.

In diesem Sinne wünschen wir Ihnen viel Erfolg mit Ihrem Unternehmen!

Einige wichtige Begriffe

Ausfüllanleitungen Das Finanzministerium stellt ausführliche Hilfetexte für das Ausfüllen von Formularen zur Verfügung. Diese können von der Website des Finanzministeriums unter www.bmf.gv.at/service/formulare/steuern/ heruntergeladen werden. Die wichtigsten Ausfüllhilfen:
E2 Ausfüllanleitung zu E1 – Einkommensteuererklärung
U1a Ausfüllanleitung zu U1 – Umsatzsteuererklärung
U13a Anleitung zum Ausfüllen der Zusammenfassenden Meldung (ZM)

Betriebsausgabenpauschale Pauschalierung von Betriebsausgaben; eine Alternative zur Einnahmen-Ausgaben-Rechnung, da sie den Aufwand für die Aufzeichnungen verringert. Einsatz sollte nicht leichtfertig erfolgen.

Durchlaufende Posten Beträge, die im Namen Dritter vereinnahmt oder verausgabt werden und die sich steuerlich nicht auswirken.

Geringwertige Wirtschaftsgüter Wirtschaftsgüter bis zu einem Anschaffungswert von € 400,00 netto. Diese können im selben Wirtschaftsjahr zur Gänze abgeschrieben werden.

Gewinn In der Einnahmen-Ausgaben-Rechnung ist der Gewinn jener Betrag, der nach Abzug der Betriebsausgaben von den Betriebseinnahmen entsteht (nicht zu verwechseln mit dem Umsatz!).

Kleinunternehmer Als Kleinunternehmer gelten Unternehmer mit einem Umsatz von maximal € 22.000,00 netto.

Mehrwertsteuer Der Begriff Mehrwertsteuer ist von der Bedeutung her identisch mit dem Begriff Umsatzsteuer, sollte aber korrekterweise nicht mehr verwendet werden.

Privatentnahmen Entnahmen für den persönlichen, privaten Gebrauch. Bargeldentnahmen müssen nicht aufgezeichnet werden. Entnahmen von Gegenständen und Waren sind als Einnahmen zu behandeln (Teilwert).

Steuernummer Das Finanzamt weist Ihnen eine individuelle Nummer zu, die so genannte Steuernummer. Diese ist bei jeder Korrespondenz mit dem Finanzamt anzuführen.

UID-Nummer Umsatzsteuer-Identifikationsnummer, die Sie als Unternehmer im Sinne des Umsatzsteuergesetzes ausweist (ATU12345678).

Umsatzsteuerzahllast Die Differenz zwischen Umsatzsteuer und Vorsteuer, die Sie an das Finanzamt abzuführen haben, ist die Umsatzsteuerzahllast.

Vorauszahlungen Einkommensteuer Das Finanzamt legt per Bescheid die Vorauszahlungsbeträge für die Einkommensteuer fest. Die Vorauszahlungen werden dann mit der bei der Veranlagung errechneten Einkommensteuer gegengerechnet, es ergibt sich eine Gutschrift oder eine Nachzahlung.

Vorsteuer Die Umsatzsteuer, die in den Aufwendungen enthalten ist, nennt man Vorsteuer.

Werbekosten Ausgaben für Werbung, wie Anzeigen, Werbematerial.

Werbungskosten Ausgaben, die betrieblich oder beruflich veranlasst sind.

Stichwortregister